Wolfgang Spreng

# WEEKEND/REGIONAL TOURS
# DEM „GRÜNEN BAND" ENTLANG

Wolfgang Spreng

WEEKEND/REGIONAL TOURS

# DEM „GRÜNEN BAND“ ENTLANG

Mobiltour-Erlebnisse mit Wohnmobil oder Van-Camper
in unverfälschter Natur entlang der
ehemaligen innderdeutschen Grenze. Steig ein!
Sehenswertes, Campings und Wohnmobilstellplätze

Mit GPS-Koordinaten

WERNER RAU VERLAG

Text und Fotos (falls nicht anders gekennzeichnet): Wolfgang Spreng
Layout und Karten: Werner Rau
Umschlaggestaltung: HitzArtworks, 72667 Schlaitdorf

1. Auflage 2021/2022


Herstellung: Druckerei & Verlag Steinmeier, 86738 Deiningen
Printed in Germany

ISBN 978-3-926145-92-5
Geo Nr. 663 10193



Wir lassen nicht im Ausland drucken! Wir nehmen die Dienste heimischer Anbieter in Anspruch – der Umwelt und dem „ökologischen Fußabdruck" zuliebe.

## INHALT


Mobil reisen ... 6
– Kleine Tipps vor der Reise und Checks rund ums Wohnmobil ... 6
– Sicher unterwegs ... 7
– Thema Wohnmobilstellplatz ... 7
– Unterwegs mit einem Mietmobil ... 9
Informationen zu GPS-Koordinaten ... 10
Grünes Band ... 12
– Die Geschichte der innerdeutschen Grenze ... 15
– Vom Todesstreifen zum „Grünen Band“ ... 16
– Die Grenze in Zahlen ... 17
– Aufbau der Grenzsicherungsanlagen ... 18
– Highlights am „Grünen Band“ ... 19


## Weekend/Regional Tours – Dem „Grünen Band“ entlang


Ludwigslust, Dorfrepublik Rüterberg und das verschwundene Dorf Stresow ... 20
– Abstecher nach Lüneburg ... 30
Rundlinge im Wendland und Gedenkstätte Marienborn ... 36
– Abstecher nach Uelzen ... 45
– Braunschweig ... 49
Von Schöningen nach Torfhaus im Harz ... 55
– Abstecher nach Goslar ... 66
– Abstecher nach Wernigerode ... 69
– Abstecher nach Quedlinburg ... 72
– Abstecher zur Teufelsmauer in Thale ... 75
– Abstecher zum Hexentanzplatz ... 76
Von Torfhaus im Harz bis Bad Sooden-Allendorf ... 79
Bad Sooden-Allendorf, weiße Berge, Point Alpha ... 101
– Abstecher nach Mühlhausen/Thüringen und zum Baumwipfelpfad ... 112
Von Point Alpha nach Coburg ... 121
Von Coburg über Mitwitz zum Dreiländereck ... 136
– Abstecher nach Zwickau ins Horch Museum ... 148
Zeichenerklärung ... 150
Register ... 151
Raus Reiseführer – Das Buchprogramm ... 154

## MOBIL REISEN

Kaum eine andere Art zu reisen bietet so viel Freiheit und Unabhängigkeit wie das Reisen mit Wohnmobil oder Campervan.

Abreisen wann und wohin Sie wollen. Mal schnell übers Wochenende zu einem Fest in der Nähe. Ein spontaner „Last Minute Trip" mit dem Wohnmobil bietet sich immer an – ganz ohne große Vorbereitung. Unabhängig von Ort zu Ort touren.

Wohin geht die nächste Reise?

Wir haben Ihnen schon mal eine Auswahl der schönsten Touren entlang des „Grünen Bandes" zusammengestellt.

Nun kann man natürlich darüber streiten, welches „die schönsten Touren" nun tatsächlich sind. Geschmäcker sind bekanntlich verschieden. Der eine liebt bezaubernde Landschaften, in denen es sich wandern und radeln lässt, der andere begeistert sich für architektonische Kleinodien, wieder andere stehen auf Kunst und Museen oder richten ihren Reiseplan nach kulinarischen Vorlieben aus.

Natürlich haben wir Camping- und Wohnmobil-Stellplätze besucht und beschrieben.

Und damit Sie sich unterwegs auch gut zurechtfinden, haben wir GPS-Koordinaten vor Ort erfasst.

Warum nicht einfach einsteigen, losfahren und genießen?

### Kleine Tipps vor der Reise und Checks rund ums Wohnmobil

TÜV ok? Gasprüfplakette gültig?

Zustand der Bereifung, genügend Profiltiefe? Bei Reisen im Winter evtl. Anlegen der Schneeketten testen/üben!

Reifendruck prüfen, auch am Ersatzrad.

Sind Metallventile angebracht?

Bremsen und Handbremse ok?

Beleuchtung prüfen (Stand-, Fahr- und Fernlicht, Bremslichter, Blinker etc.), auch am Hänger, Caravan. Ersatzglühbirnen besorgen.

Batterie ok?

Ölstand? Passendes Motorenöl zum evtl. Nachfüllen besorgen.

Kühlflüssigkeit ok?

Scheibenwaschanlage funktionsfähig und gefüllt? Frostschutzmittel im Winter?

Wischerblätter ok?

Warndreieck und Warnwesten vorhanden?

Wasserpumpen im Wohnmobil ok und dicht?

Leitungen spülen.

Frischwassertank reinigen und füllen.

Abwassertank desinfizieren, Ablasshahn funktionsfähig und dicht?

Wasserpumpe an Toilette ok?

Desinfektionsflüssigkeit für Chemikaltoilette vorhanden?

Boiler auf Funktion prüfen.

Elektrizität im Wohnmobil prüfen!

Batterie ok? Solarpanele funktionsfähig?

Alle Lampen und Schalter testen.

Heizung, Kühlschrank, Klimaanlage, Ventilatoren prüfen.

Gasprüfung (Plakette, Bescheinigung) ok?

Gasschlauch und Druckregler evtl. erneuern.

Gasflaschen gefüllt?

Funktion des Herdes prüfen.

Dachhauben und Fenster prüfen (Rollos, Fliegenschutzgitter, Verschlüsse, Dichtigkeit).

Achten Sie beim Beladen des Fahrzeugs auf das zulässige Gesamtgewicht des Wohnmobils. Im Zweifelsfall lieber mit reisefertig beladenem Fahrzeug auf eine öffentliche Waage fahren.

### Sicher unterwegs

Versichern Sie sich, dass vor Abfahrt ausgefahrene Trittstufen immer eingefahren und Fernsehantennen umgelegt sind!

Prüfen Sie, ob Ihr Navigationsgerät mit den neuesten Karten für die Regionen Ihrer Reise bestückt ist.

Verlassen Sie sich nicht immer blindlings auf die Angaben des Navigationsgerätes. Gegenprüfungen mit Straßenkarten sind manchmal sinnvoll.

Planen Sie nicht zu lange Tagesetappen mit ausreichend Zwischenstopps/Ruhepausen ein.

Bieten Sie schnelleren Fahrzeugen immer wieder mal die Möglichkeit zum Überholen.

Nicht selten sind Wohnmobile auf Reisen bis an die Grenze des zulässigen Gesamtgewichtes beladen. Das beansprucht Fahrzeug, Motor, Reifen und Bremsen. Es empfiehlt sich bei langen Bergabfahrten herunterzuschalten und die Bremswirkung des Motors zu nutzen.

Bei der Auswahl Ihres Stellplatzes, sei es auf einem Campingplatz oder auf einer Wiese zum Freistehen abseits befestigter Wege, denken Sie an das Gewicht Ihres Fahrzeuges. Auf feuchtem, weichem, sandigem Untergrund besteht die Gefahr des Einsinkens.

Denken Sie an den Heimtierausweis (und evtl. Impfungen), falls Sie mit Haustieren reisen.

Und Anschnallen nicht vergessen!

### Thema Wohnmobilstellplatz

Unterwegs sollte man keinesfalls auf Privatgelände nächtigen, ohne vorher die ausdrückliche Erlaubnis des Eigentümers eingeholt zu haben!

Stellplätze der ganz einfachen Art bieten keinerlei wohnmobilspezifische Einrichtungen, weder Ver- und Entsorgungseinrichtungen, noch Frischwasser, Stromanschlüsse oder gar Sanitäranlagen.

Bessere Stellplätze bieten zumindest eine Möglichkeit Wohnmobilabwässer zu entsorgen und Frischwasser aufzunehmen. Meist sind dazu Multifunktionssäulen installiert.

An diesen Ver- und Entsorgungssäulen sind Strom und Frischwasser meist nur gegen Gebühr zu bekommen. Der Ausgussschacht für Chemikaltoiletten ist an diesen Säulen aber fast immer frei nutzbar.

Nicht immer sind Wasserhähne mit einem Schlauch versehen. Gießkanne oder eigenen Schlauch mitnehmen!

Seltener findet man auf Stellplätzen richtiggehende Sanitäranlagen, z. B. mit WC und Warmduschen.

Stellen Sie Ihr Fahrzeug auf dem Stellplatz bitte so ab, dass noch Platz für andere Stellplatznutzer bleibt. Schon aus Sicherheitsgründen (Feuer) sollte ein Mindestabstand von drei Metern gewahrt werden.

Respektieren Sie bitte, wenn auf Stellplätzen ein „Campingverhalten" nicht erlaubt ist. Markisen, Tische und Stühle, Grill etc. dürfen dann nicht benutzt bzw. aufgestellt werden.

Stromkabel sollten so verlegt werden, dass sie nicht zur Stolperfalle werden.

Abfälle und Abwässer welcher Art auch immer gehören grundsätzlich nicht in den Straßengraben, sondern immer in die speziell dafür vorgesehenen Entsorgungsstationen oder Behälter. Sind die Behälter voll, nehmen Sie Ihren Abfall bitte mit bis zum nächsten Müllbehälter. Keine gute Idee ist, volle Abfallsäcke neben die Abfalltonne zu stellen. Raben, oder andere Vögel oder Tiere, machen sich daran zu schaffen und verstreuen den Inhalt dann auf dem ganzen Platz.

Verwenden Sie bitte keine Generatoren außerhalb Ihres Fahrzeugs und wenn doch, dann bitte nur zeitlich eng begrenzt und nicht nachts. Ihre Platznachbarn werden dankbar über die Rücksichtnahme sein.

Und wenn Sie sich länger in einer Gegend aufhalten wollen, versuchen Sie es doch mal auf einem Campingplatz.

### Unterwegs mit einem Mietmobil

Gewöhnlich gilt ja die Ansicht, dass ein Wohnmobil nicht groß genug sein kann, um allen Mitreisenden auch bei schlechtem Wetter ein gemütliches rollendes Heim zu sein.

Andererseits wird vor allem der Fahrer über jeden Zentimeter froh sein, den das Wohnmobil kürzer oder schmäler ist, wenn er durch enge Ortschaften oder über enge Landsträßchen zu abgelegenen Stränden oder Sehenswürdigkeiten fahren muss.

Außer, dass Sie die Reservierung eines Mietmobils so früh wie irgend möglich vornehmen sollten, damit Sie auch noch das Modell auswählen können, das Ihren Vorstellungen am ehesten entspricht, wäre bei einem Urlaub mit dem Mietmobil auch daran zu denken, dass die Vorbereitungen, das Beladen und am Ende der Reise das Ausräumen und Reinigen den einen oder anderen Urlaubstag kosten kann.

Falls Sie noch nie mit einem Wohnmobil unterwegs waren, lassen Sie sich bei Übernahme des Fahrzeugs/Mietmobils umfassend einweisen.

Wie funktionieren die Installationen im Fahrzeug (Kühlschrank, Heizung, Boiler, Dusche, Klimaanlage, Bettenbau etc.).

Sind die Gasflaschen gefüllt? Wo sind die Absperrhähne der Gasflaschen?

Ist ein langes Stromkabel vorhanden (Kabeltrommel), mit ECC-Adapter? Evtl. an entsprechenden Zwischenstecker denken.

Wie funktioniert das Befüllen des Frischwassertanks? Ist evtl. ein Schlauch vorhanden?

Wie funktioniert die Entleerung des Abwassertanks?

Wie funktioniert das Befüllen und das Entleeren der Chemikaltoilette?

Falls vorhanden, wie funktioniert das Navigationsgerät im Fahrzeug?

Sind Auffahrklötze zum Nivelieren das Fahrzeugs auf unebenem Untergrund vorhanden?

Falls Sie sehr früh oder sehr spät im Jahr unterwegs sein werden, können die Nächte mitunter ungemütlich kalt werden, eine funktionierende Heizung und ein ausreichender Gasvorrat sind dann überaus beruhigend.

Einerseits freut man sich im Sommer darüber, dass es abends lange hell bleibt und Aktivitäten im Freien bis spät möglich sind.

Andererseits wird man über Verdunkelungsrollos an Wohnmobilfenstern und Dachluken froh sein, wenn z. B. eine Straßenlaterne auf einem Stellplatz so unglücklich plaziert ist, dass sie einen nicht zur Ruhe kommen lässt.

Und dichte Fliegengitter vor den Wohnmobilfenstern (Tür) wird man sehr schätzen lernen, wenn man im Sommer z. B. an einem idyllischen, windstillen Seeufer campt.

## INFORMATIONEN ZU GPS-NAVIGATIONSKOORDINATEN

### Ein Wort zu den GPS-Daten

Alle unsere GPS-Koordinaten sind im System WGS 84 („World Geodetic System 1984“), einer der beiden internationalen Standards für Koordinatensysteme (neben UTM), erfasst.

**Bitte beachten Sie:** Die Genauigkeit der Routenführung durch das Navigationssystem hängt auch von der Genauigkeit und Aktualität des in Ihrem Navigationsgerät vorhandenen Kartenmaterials ab.

### Minuten/Sekunden ändern in Dezimalkoordinaten

Alle Navigationsdaten in diesem Buch sind im Format Grad/Minuten/Sekunden angegeben. Falls Sie Navigationskoordinaten in Ihr Navigationsgerät evtl. nur als Dezimalkoordinaten eingeben können, ist das kein größeres Problem.

Koordinaten lassen sich von Grad/Minuten/Sekunden – so wie bei uns dargestellt – relativ einfach „per Hand“ in Dezimalkoordinaten umrechnen und müssen dann gewöhnlich auch von Hand in das Navigationsgerät eingegeben werden.

– Da das Minuten/Sekunden-System in 60er Schritten geht, darf man die Minuten- und Sekunden-Markierungen nicht einfach ignorieren und daraus Dezimalkoordinaten machen, sondern man muss die Daten durch 60 teilen. Umgekehrt ist das auch von Dezimalwerten in Minuten/Sekunden möglich (multiplizieren).

**Beispiel:** Grad/Minuten/Sekunden-Format: z. B. N39° 29′ 12.6′′ wird so zum Dezimalformat: 29 : 60 = 0,48, 12.6 : 60 = 0,21. Das wieder zusammengesetzte Format zeigt nun die Dezimalkoordinate: N39,4821°.

Oder: E 20° 15′ 34.2′′ – entspricht dann E 20,2557° (alle Angaben ohne Gewähr).

Sollten Sie Koordinatenformate konvertieren wollen, können Sie sich eines der **Konvertierungsprogramme** bedienen, die Sie kostenlos aus dem Internet herunterladen können, wie z. B.

**GPS Babel:** http://www.gpsbabel.org (Englisch)

**Routeconverter:** https://www.routeconverter.de/home/de (Deutsch)

**Garmin POI-Loader** https://support.garmin.com/de-DE/?faq=IfiKohFF2UAo3eaO9vHYp6 (Deutsch, Englisch)

### Im Reiseführer sind die Koordinaten wie folgt dargestellt:

**Beispiel: [N70° 10′ 40.0“ E25° 17′ 49.0“]**. Koordinaten in diesem Reiseführer, die in Orten/Städten angegeben sind, sind als Anhaltspunkte zur Orientierung mit Handnavigationsgeräten bei Stadtrundgängen gedacht. Sie bedeuten NICHT, dass diese Ziele (Wegpunkte) auch immer (Ausnahme Campings oder Wohnmobil-Stellplätze) mit dem Auto zu erreichen sind! Mitunter sind die Einfahrten in historische Innenstädte nur für den Anliegerverkehr erlaubt. Sehenswürdigkeiten, Museen, Kirchen etc. sind dort nur zu Fuß zu erreichen!

Gelegentlich steht vor der Koordinate das Wort „Parkplatz", **z. B. [Parkplatz, N70° 10' 40.0" E25° 17' 49.0"]**. Damit wird darauf hingewiesen, dass sich bei oder ganz in der Nähe des Wegpunktes ein Parkplatz befindet. Die Koordinate bezieht sich dann auf den Parkplatz. Vom Parkplatz können es noch ein paar Meter Fußweg bis zum eigentlichen Ziel sein.

Obwohl wir bei der Erfassung von GPS-Koordinaten größte Sorgfalt walten lassen, können wir für die Richtigkeit der in unseren Reiseführern angegebenen GPS-Koordinaten sowie für evtl. daraus resultierende Ereignisse durch Missweisungen keine Haftung übernehmen.

*Gedenkstein an der ehem. innerdeutschen Grenze*

Hier waren Deutschland und
Europa bis zum 19. November 1989
um 15:08 Uhr geteilt.

*Infoschild am „Grünen Band“ (der einstigen innerdeutschen Grenze) bei Heinersdorf*

## WOHNMOBILTOUR ENTLANG DES „GRÜNEN BANDES“

Der Reisebericht beschreibt die Stationen einer Wohnmobiltour entlang des „Grünen Bandes“.

Die Tour ist sowohl eine Reise zu einmaligen Naturreservaten, als auch eine Begegnung mit der Teilung und Wiedervereinigung Deutschlands. Diese Verbindung zwischen Natur und Geschichte ist einmalig.

Über 1300 km sind wir – das sind die Wohnmobil- und Reisefans Heike, Wolfgang und Iwan, ihr HRZ-Sprinter Wohnmobil – die ehemalige Zonengrenze von der Dorfrepublik Rüterberg im Norden bis zum Dreiländer Eck im Süden abgefahren.

Die Tour kann gut an einem Stück, oder in Abschnitte (Wochenendtouren) unterteilt, nachgefahren werden. Auch eine Kombination mit interessanten Zielen abseits des „Grünen Bandes“ ist möglich, ja sogar empfehlenswert.

Auf der Reise gibt es vielfältige, informative Gedenkstätten an der Grenze zu sehen, schöne Dörfer in Ost und West, tolle Stellplätze und noch die ein oder andere Überraschung ist zu entdecken.

Auch Fahrradbegeisterte und Wandersleute finden tolle Touren in den vielseitigen Landschaften durch die sich das Grüne Band zieht.

Natürlich gibt es auch empfehlenswerte Restaurants für die Stärkung unterwegs, süffiges Bier und guten Wein am Etappenziel.

Eine interessante Wohnmobilreise quer durch Deutschland, auf der es viel zu entdecken und zu erleben gibt.

### Das „Grüne Band“

Von Travemünde bis zum Dreiländerländereck in Bayern zieht sich ein 1400 km langer und 50 bis 100 Meter breiter Grünstreifen durch die Mitte Deutschlands.

Entlang der ehemaligen innerdeutschen Grenze, im damaligen Todesstreifen, bildet dieses „Grüne Band“ mit 177 Quadratkilometern den längsten Biotopverbund Mitteleuropas.

Das Naturreservat verbindet 17 unterschiedliche Naturräume in 9 Bundesländern. Wertvolle Wiesenlandschaften, Feuchtgebiete, Trockenrasenflächen, Sümpfe und Heidelandschaften befinden sich im „Grünen Band“. Über 5000 Pflanzen- und Tierarten sind nachgewiesen, davon über 1200 auf der „Roten Liste“.

Der riesige Bereich der Grenzsicherungsanlagen wurde konsequent freigehalten und durfte sich über 40 Jahre ohne große Eingriffe durch den Menschen entwickeln. Keine Düngemittel, kaum Einsatz von Pestiziden ermöglichten die Ansiedlung seltener Pflanzen, die ideale Bedingungen für Insekten bieten.

Der wertvolle Naturraum des „Grünen Bandes“ ist eng mit dem

erschreckenden Ausbau der innerdeutschen Grenzsicherung verbunden, wäre ohne diesen überhaupt nicht entstanden.

### Die Geschichte der innerdeutschen Grenze

**1944** – Im „Londoner Protokoll“ teilen die späteren Siegermächte Deutschland in Besatzungszonen auf.

**1945** – Nach dem Kriegsende ziehen sich Amerikaner und Engländer, wie im „Londoner Protokoll“ vereinbart, aus den eroberten ostdeutschen Gebieten zurück.

Aufbau der ersten Grenzkontrollen an den Zonengrenzen.

Wanfrieder Vertrag: Um den störungsfreien Nachschub der US-Truppen sicherzustellen vereinbaren die USA und die Sowjetunion einen Gebietstausch.

**1947** – Aufbau der ersten Absperrungen aus Stacheldraht in unzugänglichen Regionen, in Waldgebieten und an grenzüberschreitenden Straßen.

**1948** – Beginn der Berlinblockade.

**1949** – Gründung der DDR und der BRD. Dadurch entsteht zwischen DDR und BRD eine Staatsgrenze, die kaum stärker gesichert ist als andere Grenzen.

**1952** – Beginn des Ausbaus der Grenzsicherung mit einem 1,5 Meter hohen Stacheldrahtzaun, einem 10 Meter breiten Kontrollstreifen, einem 500 Meter breiten Schutzstreifen und einer 5 km breiten Sperrzone im Grenzgebiet. Die ersten Wachtürme aus Holz entstehen.

Bei der „Aktion Ungeziefer“ werden „feindliche, verdächtige und kriminelle Elemente“ aus der Sperrzone zwangsumgesiedelt. Etwa 3000 Menschen entziehen sich der Umsiedlung durch die Flucht in den Westen.

**1961** – Beginn des Mauerbaus in Berlin.

Komplette Schließung der DDR Grenze.

Erneute Zwangsumsiedlung mit der „Aktion Festigung“.

**1961 - 1972** – Ausbau der Grenzanlagen zum „Todesstreifen“ mit einem zweireihigen Stahlzaun, teilweise Betonmauern, Waldschneisen, Minenfeldern, Beobachtungstürmen, Hundelaufanlagen, Lichtmasten und Selbstschussanlagen.

**1983** – Milliardenkredit der BRD an die DDR. Dies führt bis 1985 zum Abbau der Minenfelder und Selbstschussanlagen.

**1985** – In der Sowjetunion beginnt unter Michael Gorbatschow durch Perestrojka (Umgestaltung) und Glasnost (Offenheit) ein Reformprozess.

**1989** – Der zivile Widerstand in der DDR wächst. Ungarn baut die Grenzanlagen zu Österreich ab.

Flüchtlinge dürfen von Prag in die BRD ausreisen.

Die Grenze zwischen DDR und BRD wird geöffnet.

**1989 - 1991** – Ende 1989 beschließt die DDR Regierung den Abriss der Grenzanlagen. Nur dem Engagement von Privatpersonen und einigen Gemeinden haben wir es zu verdanken, dass manche Grenzanlagen im Originalzustand erhalten sind.

### Vom Todesstreifen zum „Grünen Band"

**1980** – Der BUND (Bund für Umwelt und Naturschutz Deutschland e. V.) fängt an, die Vogelwelt an der Grenze zu kartieren.

**1981** – Erste Landaufkäufe des BUND entlang der Grenze in Oberfranken.

**1988** – Heinz Sielmann dreht den legendären Film „Tiere im Schatten der Grenze". Er sagte im Film: „Meine lieben Zuschauer, kann mir kein besseres Denkmal für eine überwundene deutsch-deutsche Grenze vorstellen, als einen großen Nationalpark von der Ostsee bis zum Thüringer Wald."

**1989** –Die Grenze wird geöffnet.

Gesamtdeutsches Treffen der Natur- und Umweltschutzverbände mit einer Resolution für das „Grüne Band".

**1990** – Die Naturschutzverbände beginnen mit der Kartierung und der politischen Überzeugungsarbeit.

Flächen im Grenzgebiet werden schon für Landwirtschaft, Straßenbau und Aufforstung genutzt.

**1993 - 1994** – Minenräumung im Todesstreifen. Die Sielmann Stiftung wird gegründet.

**1995** – Bundespräsident Werner Herzog und Umweltministerin Angela Merkel setzen sich für die Idee des Grünen Bandes ein.

*Sichtschutzmauer und Signalzaun auf der DDR-Seite*

*Kolonnenweg, Kontrollstreifen, Fahrzeugsperre und Betonmauer*

**1996** – Das Mauergrundstücksgesetz wird verabschiedet. Die Grundstücke entlang der Grenze werden den ehemaligen Eigentümern zum Kauf angeboten oder werden auf dem freien Markt verkauft. Sachsen stellt sein „Grünes Band“ unter Schutz. Das Sielmann Erlebniszentrum entsteht.

**1998** – Bayern und Thüringen starten das erste Arten- und Biotopschutzprojekt.

**2000** – Grenzstreifen zwischen Teistung und Ecklingenrode wird das erste Naturschutzgebiet im Grünen Band.

Die Sielmann Stiftung erwirbt die ersten Flächen.

**2010** – Die bundeseigenen Flächen werden an die Bundesländer übertragen.

**2018** – „Grünes Band Thüringen“ wird auf einer Länge von 760 Kilometern als „Nationales Naturmonument“ ausgewiesen.

### Die Grenze in Zahlen

- Gesamtlänge 1393 km
- Anzahl Beobachtungstürme 587
- Montierte Selbstschussanlagen (1983): 60.000
- Verlegte Erdminen ca. 1,3 Mio
- Anzahl der Orte innerhalb der 5 km Sperrzone: 300
- auf Menschen abgerichtete Hunde (bis 80er Jahre): ca 3.000
- Kosten der Grenzanlage und der Berliner Mauer: 1,822 Mrd. Ost-Mark
- Gesamtstärke der DDR Grenztruppen: 45.000 Personen
- erfolgreiche Überwinder der Grenzanlagen (1961-1988): 40101 Personen
- durch die Stasi vereitelte Fluchtversuche: 38065

*Blick von Westen zum Grenzzaun und Beobachtungsturm*

- Todesopfer an der innerdeutschen Grenze: etwa 327

### Aufbau der Grenzsicherungsanlagen

Die Grenze zwischen DDR und BRD gehörte zu den am besten gesicherten Grenzen der Welt. Schon 5 Kilometer vor der DDR-Staatsgrenze begann das mit einem Zaun gesicherte Sperrgebiet. Ein Zutritt war nur an wenigen Kontrollstellen möglich und das nur mit einem Passierschein in der Zeit zwischen 6 Uhr und 22 Uhr.

Weitere 4,5 Kilometer nach Westen kam ein 3,2 Meter hoher Signalzaun mit elektronischen Signaldrähten. Reichte die Bebauung bis an diesen Inlandszaun heran, war die Sicht in den Todesstreifen durch eine Betonmauer versperrt.

Im Todesstreifen verteilt befanden sich in regelmäßigen Abständen die Beobachtungstürme, die Führungsstellen und Beobachtungsbunker. Ein Bereich mit Stolperdrähten löste beim Betreten Signalraketen aus. Kurz vor dem eigentlichen Grenzzaun kam eine Lichtsperre, die diesen Bereich hell erleuchtete.

Lochplatten aus Beton bildeten den Kolonnenweg, auf dem die Grenzsoldaten mit ihren Trabis regelmäßige Kontrollfahrten unternahmen.

Direkt neben dem Kolonnenweg befand sich der 6-10 Meter breite, gepflügte Kontrollstreifen. Der Kontrollstreifen wurde regelmäßig nach Fuß- und Reifenspuren von Flüchtlingen untersucht.

Anschließend waren Fahrzeugsperren aufgebaut, entweder aus

Stahl oder auch in Form eines 1,5 Meter tiefen Grabens, der auf der Westseite durch Betonplatten abgesichert war.

Die letzte große Hürde in den Westen bildete ein 3,2 Meter hoher Grenzzaun aus Metall, der zusätzlich mit Stacheldraht und Selbstschussanlagen gesichert war.

Lagen sich an der Grenze zwei Dörfer gegenüber, wurde der Metallzaun durch eine Betonmauer ersetzt.

An verborgenen Stellen befanden sich im Grenzzaun sogenannte Stasischleusen, durch die Personen in den Westen eingeschleust werden konnten. Tore im Grenzzaun ermöglichten den Grenzsoldaten den Zugang zum anschließenden Niemandsland. Ein schwarz-rot-gelb gestrichener Holzpfosten mit DDR Emblem markiert ca. 3,5 Meter vor der eigentlichen Grenze das Hoheitsgebiet der DDR.

### Highlights am „Grünen Band“

Rüterberg
Gedenkstätte Marienborn
Grenzmuseum Eichsfeld
Skulpturenpark Deutsche Einheit
Gedenkstätte Behrungen
Schieferbergbau Lehesten
Wandern auf dem Kolonnenweg
Binnendüne bei Klein Schmöken
Wald-Wandel-Weg beim Torfhaus
Oberharzer Wasserregal
Kräuterpark Altenau

*Spätsommerliche Abendstimmung am Stresower See*

## LUDWIGSLUST, DORFREPUBLIK UND VERSCHWUNDENES DORF STRESOW

**Die erste Etappe** der Wohnmobiltour entlang des **„Grünen Bandes"** beginnt im Norden an der Elbe.

Von Berlin kommend überrascht **Ludwigslust**, auch als "Versailles des Nordens" bezeichnet. Direkt an der Elbe, mitten im ehemaligen Sperrgebiet, liegt die **Dorfrepublik Rüterberg**. Einige Kilometer weiter liegt Europas größte **Binnendüne** bei **Klein Schmö-len**. Einen besonders denkwürdigen Ort besuchen wir an der Gedenkstätte des verschwundenen Dorfes **Stresow**.

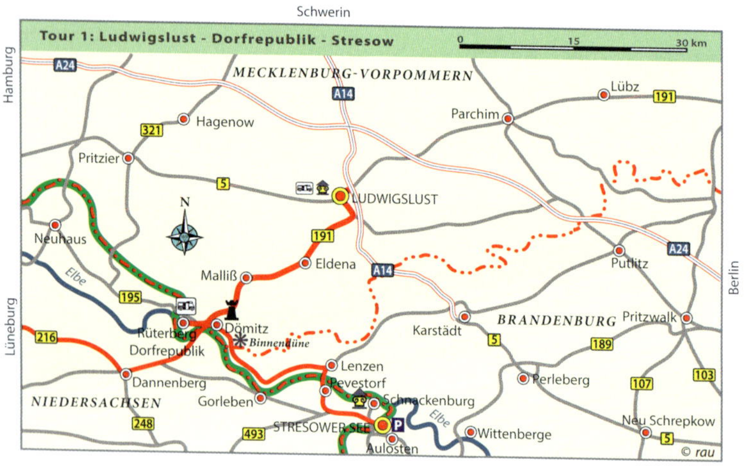


Abseits der Route

Aus privaten Gründen führt uns unsere Anreise nordwärts zu unserem Startpunkt am „Grünen Band" über Berlin.

Für einen außergewöhnlichen Zwischenstopp sorgt auf dem Weg nach Berlin das Pop-Up Camp in Ferropolis.

In **Ferropolis** [N51° 45′ 26.79″ E12° 26′ 38.32″], der „Stadt aus Eisen", einem ehemaligen Braunkohleabbau bei **Gräfenhain**, südöstlich von **Dessau-Roßlau** (Stellplatz Flugplatz Hugo Junkers N51° 50′ 3.93″ E12° 10′ 57.99", ganzjährig, gebührenpflichtig), liegt ganz am Ende einer langgestreckten Halbinsel im Gremminer See, ein Industriemuseum, Veranstaltungszentrum und ein zeitweisiger **Pop-Up Campingplatz**.

Auf dem Gelände stehen fünf ehemalige Braunkohlebagger: Big Wheel, Mad Max, Mosquito, Gemini und Medusa. Diese wahren Ungetüme aus Stahl haben einstmals die Gemeinde Gremmin zum Verschwinden gebracht.

Eine Besonderheit im Corona-Jahr 2020 war, dass auf dem Gelände ein **Pop-Up Campingplatz [N51° 45' 35.10" E12° 26' 58.02"]** eingerichtet wurde. Für schlappe 33€ konnte man unter dem Big Wheel eine Nacht verbringen. Diese besondere Gelegenheit wollten wir uns nicht entgehen lassen!

Auf der Webseite https://www.ferropolis.de/de/cms/_redaktionell/5/Camping_2020.html ist zu erfahren, dass „... noch bis Ende des Jahres 2020 auf Ferropolis gecampt werden darf. ... Wir wollen auch im nächsten Jahr (2021) wieder allen die Möglichkeit bieten inmitten des Museums ... ein ungewöhnliches Campingerlebnis zu ermöglichen." Was nach diesem Zeitpunkt geschieht, ist auf der Webseite nicht zu erfahren!

Bei der Einfahrt im August 2020 zum Gelände fallen uns zwei Dinge auf: Die über den Platz wummernde Techno-Musik und der

*Pop-Up Camping mit Schaufelradbagger in Ferropolis*

Hinweis „Heute findet das Iron Tuning Treffen statt. Es könnte lauter werden!"

Ob der ursprünglich reservierte Platz frei wäre, ist in dem Chaos auch nicht ganz klar. "Eigentlich sollte da hinten noch etwas frei sein", aber so genau ist das auch nicht zu sagen. Wir schlängeln mit Iwan über das Gelände, zwischen den vielen Menschen und aufgemotzten Autos hindurch, nach hinten zum Big Wheel. Da Iwan keinen Stromanschluss braucht, können wir überall stehen. So finden wir einen Platz direkt vor einer kleinen Bühne, auf der wir Tisch, Stühle und Grill aufbauen können.

Heute wird unter Big Wheel zünftig gegrillt!

Ab 23:00 sind die wilden Jungs mit den aufgemotzten Autos ziemlich lautlos verschwunden und wir können in völliger Ruhe einschlafen.

Am nächsten Morgen ist das Gelände, bis auf die Wohnmobile, leer. Wir können noch ganz relaxt alles anschauen, sogar auf einen Bagger klettern und das alles von oben bewundern. Um 12:00 Uhr verlassen wir Ferropolis, parken aber direkt vor dem Gelände, da wir noch den Gremminer See per Pedes umrunden möchten.

Der erste Teil des Rundweges ist ein Kunstpfad, auf dem Schüler über mehrere Jahre Skulpturen

## CAMPING

*Falls Sie, wenn Sie Ferropolis besuchen, dort keine Campingmöglichkeit mehr vorfinden, müssen Sie von Gräfenhainichen aus nur ein paar Kilometer nach Norden oder nach Süden fahren, um bei Bergwitz bzw. bei Schlaitz, Campingplätze zu finden.*

**Bergwitz**

**Camping Ferienresort Bergwitzsee [N51° 47' 28.14" E12° 34' 15.98"]**, Strandweg 1, Tel. +49 (0) 34921 28 228; www.bergwitz-see.de; ganzjährig geöffnet. Südwestlich des Ortes, am Nordrand des Sees. Ausgedentes von Dauercampern geprägtes Feriengelände in einem Waldgebiet am Bergwitzsee; ca. 10 ha – 400 Stpl., davon zahlreiche Dau. Restaurant, WLAN, Fahrradverleih, Badesteg, V & E Möglichkeit. Spezielle Angebote für Wohnmobile auf separatem Gelände.

**Schlaitz**

**Camping Heide-Camp Schlaitz [N51° 38' 58.96" E12° 25' 15.31"]**, Am Muldestausee, Tel. +49 (0)34955 20571; www.heide-camp-schlaitz.de; ganzjährig geöffnet. Südlich des Ortes am Nordostufer des Muldestausees. Wiesengelände und Geländestufe am nahen See; ca. 10 ha – 200 Stpl. Restaurant, WLAN, Mietunterkünfte, V & E für Wohnmobile. Kleines Museum.

aus Stahl aufgestellt haben. Auf einem anderen Teil des Weges haben sie die Geschichte von Gremmin dargestellt. Gremmin lag inmitten des Braunkohlegebietes und wurde überbaggert und die Bewohner nach Gräfenhainich umgesiedelt.

## HAUPTROUTE

Von Berlin kommend landen wir mehr oder weniger zufällig in **Ludwigslust**. Der Supermarkt im Ortszentrum bietet sich an, um die Vorräte für die nächsten Tage aufzufüllen.

Schöne Ziegelhäuser, breite Straßen und natürlich das **Schloss Ludwigslust [N53° 19′ 29.29″ E11° 29′ 18.65″] mit Park** haben der Stadt den Beinamen „Versailles des Nordens" verschafft.

Vom Alexandrinenplatz führt die 35 Meter breite Schlossstraße auf das Schloss zu. Gesäumt von Linden sind die Häuser auf der einen Straßenseite das exakte Ebenbild der gegenüberliegenden Häuser. Die Bebauung von Ludwigslust war streng geregelt. Kein Haus durfte höher sein als das Schloss und in der Schlossstraße waren private Bauten verboten. So wie es sich gehört waren die wichtigen Straßen auf das Schloss ausgerichtet.

Ludwig der Zweite entdeckte 1731 die Gegend als Jagdrevier und ließ dort, mitten in der waldreichen Gegend, ein Jagd-

*Schloss Ludwigslust*

*Schlosspark Ludwigslust*

schloss errichten. Ein paar Jahre später erhielt der Jagdsitz den Namen Ludwigslust. Der Baumeister Johann Joachim Busch legte um 1765 die Grundzüge des heutigen Parks hinter dem Schloss an und begann mit dem Bau der Stadtkirche. Der Nachfolger von Ludwig, Friedrich der Fromme, verlegte 1772 seine Residenz von Schwerin nach Ludwigslust. In den darauffolgenden Jahren wurde das heutige Residenzschloss erbaut.

Schön ist es hier. Uns gefällt es. Spontan entscheiden wir auf dem modernen Stellplatz beim Schloss zu bleiben und uns in Ruhe umzuschauen. Über einen kleinen Fußweg gelangt man vom Stellplatz in den Schlosspark. „Das hat schon etwas von Versailles“, ist der erste Eindruck, sobald sich ein freier Blick vom Park auf das Schloss bietet.

Das Schloss kann besichtigt werden. Glanzstück ist der „Goldene Saal“ mit seinen Säulen, prächtigen Kristalllüstern und mit den teils ungewöhnlichen Bodenmustern im Parkett. Sehenswert ist auch die Barocke Bildergalerie mit vielen Gemälden und Korkmodellen antiker Bauten.

Ein Schloss braucht natürlich einen **Schlosspark** und ein Schlosspark ohne Wasserspiele ist nicht denkbar. Aber die Gegend um Ludwigslust ist sehr wasserarm. Deshalb wurde ein 28 km langer Kanal zwischen den Flüsschen Stör und Rögnitz gebaut, um das Wasser nach Ludwigslust zu bringen.

Das natürliche Gefälle des Kanals sorgt für den notwendigen Druck für die Wasserspiele im Schlosspark.

Über Jahre entstand hinter dem Schloss eine großzügige Parklandschaft mit barocker Gartenkunst. Der Schlosspark in Ludwigslust ist mit 120 ha der größte Landschaftspark Mecklenburgs.

Wir unternehmen einen ausgedehnten Spaziergang entlang der kleinen Seen, durch den Wald und über offene Wiesen. Ganz besonders empfehlenswert ist der Weg entlang des „Ludwigsluster Kanals“ über die Steinerne Brücke, vorbei an den Wasserfontänen „Mönch“ und „Nonnen“. Zum Schlossplatz, auf der Vorderseite des Schlosses, sollte man auch auf alle Fälle gehen und die 70 Meter breite Kaskade mit dem anschließenden Bassin bewundern. Die mittlere Sandsteinskulptur auf der Kaskade stellt die Flussgötter Stör und Rögnitz dar. Um das Bassin bilden die alten Häuser der Hofbeamten den Bassinplatz, an dessen Kopfende sich die sehenswerte Stadtkirche befindet. Auf der Verbindung zwischen Schloss und Stadtkirche liegt die neu gestaltete Gedenkstätte für die Opfer des KZ Wöbbelin.

*Sehenswert - Die Kaskaden vor Schloss Ludwigslust*

## WOHNMOBIL-STELLPLATZ – LUDWIGSLUST

**Wohnmobil-Stellplatz Am Schloss Ludwigslust [N53° 19' 38.80" E11° 29' 26.89"]**, Friedrich-Naumann-Allee, 19288 Ludwigslust. **Lage/Zufahrt:** Neben dem Schloss am westlichen Ortsrand. **Geöffnet:** Ganzjährig. **Gebühr:** Gebührenpflichtig, Parkscheinautomat. **Ausstattung:** Am Ende des großen Parkplatzes für Schlossbesucher liegt der geschotterte Parkplatz mit gepflasterten Fahrwegen und gepflasterten und dadurch markierten Stellplätzen für etwa 25 Wohnmobile, von dichten Laubbäumen umgeben. Wasser, Strom und Entsorgung gegen Gebühr.

Nach dem Spaziergang durch den Park kann man sich entweder im Schloss Café mit Blick in den Park oder in einem der anderen Cafés in der Stadt erholen. Für eine deftigere Stärkung bieten sich zwei Restaurants am Schlossplatz an oder im Städtchen gibt es viele weitere Essensangebote.

Vor dem nächtlichen Rückzug in das Wohnmobil können die Biertrinker unter uns in der Braumanufaktur Ludwigslust Nachschub besorgen. Strategisch günstig ist die Manufaktur direkt neben dem Stellplatz gelegen (Zugang durch die Gärtnerei).

Route: *Nach einer ruhigen Nacht fahren wir von Ludwigslust südwestwärts über Eldena und Malliß an die Elbe, in den südwestlichsten Zipfel von Mecklenburg. Dort liegt ein kleines Dorf mit einem besonderen Schicksal* – die ***Dorfrepublik Rüterberg***.

### Dorfrepublik Rüterberg

Zu Zeiten der DDR lag **Rüterberg** in der Sperrzone des Grenzgebietes. Von der Elbe mit einem Grenzzaun abgeriegelt und im Hinterland, an der heutigen B195, durch einen weiteren Zaun abgeschottet. Nur durch ein bewachtes Tor konnten die Bewohner mit Passierschein ihr Dorf verlassen oder betreten. Zwischen 22 Uhr und 5 Uhr war das Tor geschlossen.

Auch hier wurden 1952 mit der "Aktion Ungeziefer" unliebsame Bewohner zwangsweise umgesiedelt. 1961 erfolgte im Rahmen der "Aktion Festigung" der Ausbau der Grenzanlagen, für die 26 Grundstücke eingeebnet wurden. Aus Protest gegen die Isolie-

rung riefen die Bewohner von Rüterberg am 8. November 1989 die Dorfrepublik aus.

Der Grenzverlauf an der Elbe war immer strittig: soll die Grenze in der Flussmitte verlaufen oder soll der Fluss in voller Breite zur BRD gehören? Über den Grenzverlauf tobte am 18. Oktober 1966 eine kurze aber heftige Schlacht auf der Elbe. Außer ein paar Kratzern und Dellen an einigen Booten gab es zum Glück keine Schäden.

*An der Gedenkstätte in der Dorfrepublik Rüterberg*

*Die Elbe nahe der Dorfrepublik Rüterberg*

Am Nordwestrand des Ortes direkt an der Elbe liegt die **Gedenkstätte Rüterberg [N53° 09' 18.2" E11° 10' 41.9"]**, in der das Schicksal des Dorfes im Sperrgebiet geschildert wird. Ein ehemaliger Grenzturm kann heute als Ferienwohnung gemietet werden.

Im Dorf an der Biegung der Ringstraße gibt es einen kleinen, einfachen, ganzjährig zugänglichen **Wohnmobilstellplatz [N53° 9' 7.18" E11° 11' 6.85"]**.

## ABSEITS DER ROUTE

*ROUTE: Von **Rüterberg** ostwärts zur B191. Ihr folgen wir nach Südwesten bis **Dannenberg**. Dort zweigen wir westwärts ab auf die Straße 216 nach **Lüneburg**.*

In **Lüneburg** stellen wir Iwan auf dem offiziellen **Wohnmobilstellplatz Sülzwiesen [N53° 14' 44.12" E10° 23' 51.40"]** ab, direkt hinter dem **Deutschen Salzmuseum [Parkplatz, N53° 14' 38.79" E10° 24' 7.36"]**.

Das **Deutsche Salzmuseum** in der Sülfmeisterstrasse 1 im ehemaligen Salinengebäude (www.salzmuseum.de) informiert sehr ausführlich und unterhaltsam über die Geschichte des Salzabbaus und Salzhandels. *Geöffnet Di - So 10 - 17 Uhr, keine Tiere, außer Begleithunde. Während der Coronapandemie andere Öffnungszeiten oder ganz geschlossen!*

Die über 1000 Jahre alte Hansestadt Lüneburg ist eine der schönsten Städte in Norddeutschland. Lüneburg ist auf Salz gebaut und verdankt dem „Weißen Gold" ihren Reichtum im Mittelalter. Über 1000 Jahr wurde in den Salinen Salz gesiedet.

Um an das dafür nötige Holz zu kommen wurden die Wälder der heutigen Lüneburger Heide abgeholzt. Dadurch entstand die heute so beliebte und ökologisch wertvolle **Heidelandschaft**.

Im Westen von Lüneburg liegt die **Lüneburger Heide** mit dem Wilseder Berg.

Wie wohlhabend die Lüneburger Bürger durch den Handel mit Salz wurden, sieht man noch heute an den prächtigen Häusern aus Backstein.

Besonders auffällige Bauten aus dieser Zeit sind das schwarz-weiße IHK Gebäude am Ende des Platzes „Am Sande" oder das Rathaus am Marktplatz.

Bei einem Stadtrundgang lohnt sich ein Blick in die Höhe, um die vielen tollen Häusergiebel zu bewundern.

Dass Lüneburg auch eine Studentenstadt ist, macht sich am quirligen Leben und den vielfältigen Kneipen bemerkbar.

Vom Stellplatz Sülzwiesen aus, Richtung Süden, erreicht man den **Kurpark [N53° 14' 24.53" E10° 24' 5.93"]** und die Leuphana Universität.

*Am Alten Hafen in Lüneburg*

Wir wenden uns aber Richtung Osten, am Deutschen Salzmuseum vorbei, der Altstadt zu.

Zum Glück ist Lüneburg weitestgehend orginalgetreu restauriert. Um 1970 wurde ernsthaft diskutiert, die Altstadt abzureißen und mit moderner Architektur zu ersetzen!

Teile der Altstadt, die über der Saline liegen, haben sich um mehrere Meter gesenkt. Einige Häuser und Kirchen am Rande dieses Senkungsgebietes mussten schon abgerissen werden.

In diesem Viertel liegt die "richtige Altstadt", mit niedlichen Häusern, netten Ecken und kleinen Läden. Nur wenige Besucher verirren sich hierher.

Besonders schön ist es auch am Flüsschen Ilmenau, am **„Alten Hafen"** mit dem **Kran**, dem Hotel Bergström und dem Stintmarkt. Am Stintmarkt, einem der "Kneipenviertel", ist immer was los. Hier, direkt am Wasser der Ilmenau, kann man es sich gastronomisch gut gehen lassen. Das haben wir natürlich auch gemacht.

Etwas weiter südlich liegt nahe dem Ilmenau-Ufer in der Willy-Brandt-Str. 1 das Regional- und Archäologische Museum **Museum Lüneburg [N53° 14' 48.96" E10° 24' 57.15"]**. *Geöffnet Di, Mi, Fr 11 - 18 Uhr, Do bis 20 Uhr, Sa + So 10 - 18 Uhr. Keine Tiere, außer Begleithunde; www.museumlueneburg.de.*

## PRAKTISCHE HINWEISE – LÜNEBURG

**Touristeninformation Lüneburg [N53°15'0.33" E10°24'27.32"]**, Rathaus, Marktplatz, 21335 Lüneburg, Tel. 0800 220 5005. *Geöffnet Mo - Sa 9.30 - 16 Uhr.*

### CAMPING

**Ebstorf/Lüneburger Heide**

**Camping am Waldbad [N53° 2' 4.22" E10° 24' 42.41"]**, Hans-Rasch-Weg, Tel. +49 (0)5822 32 51; www.campingplatz-am waldbad.de. Jan. – Dez. Ebstorf liegt südlich von Lüneburg an der Straße L233. Der Campinglatz liegt am nordwestlichen Ortsrand. Ausgedehntes, gepflegtes Wiesengelände mit lichtem Baumbestand, in ländlicher Umgebung. Neben dem Frei- und Hallenbad „Waldemar". Einige parzellierte Stellplätze. Ca. 5 ha – 100 Stpl. + Dau. Gute Standard-Sanitärausstattung. Waschmaschine, Trockner. WLAN. Fahrradverleih. V & E für Wohnmobile.

### WOHNMOBIL-STELLPLATZ

**Wohnmobil-Stellplatz Sülzwiesen Lüneburg [N53° 14' 44.12" E10° 23' 51.40"]**, 21335 Lüneburg. **Lage/Zufahrt**: Am Westrand der Innenstadt, neben dem Gelände der Sportanlagen Sülzwiesen und neben dem großen öffentlichen Parkplatz. **Geöffnet:** Ganzjährig, immer zugänglich. **Gebühr:** Gebührenpflichtig (Automat). **Ausstattung:** Ebenes Gelände mit Gitterrasensteinen, durch Grünstreifen aufgelockert, von Bäumen umgeben. Platz für etwa 50 Wohnmobile. Strom, Wasser, beleuchtet. V & E Station. Keine Caravans.

## HAUPTROUTE

*ROUTE: Von **Rüterberg** fahren wir weiter entlang der Elbe, an **Dömitz (Museumsfestung Dömitz, Parkplatz N53° 8' 26.67" E11° 14' 42.81")** in der Nähe von Gorleben vorbei, bis zur größten **Binnendüne Europas.***

Mehr als 40 Meter hoch, 600 Meter breit und 2 Kilometer lang erstreckt sich dieser **Sandberg [Parkplatz, N53° 7' 26.42" E11° 17'2 1.22"]** bei **Klein Schmöken**. Über einen Dünenrundweg kann man bis nach oben steigen und hat ein Gefühl wie in der Dünenlandschaft auf Sylt!

Auf dem ausgeschilderten Rundweg informieren Infotafeln über die geologischen und botanischen Besonderheiten dieser einmaligen Landschaft.

*Die größte Binnendüne Europas*

***ROUTE:*** *Weiter geht es die Elbe entlang bis nach* ***Lenzen****. Dort überqueren wir mit der Fähre den Fluss* ***(Fähranleger Lenzen N53° 4' 47.94" E11° 27' 9.41")*** *und kommen in* ***Pevestorf*** *in Niedersachsen an.*

Einen geeigneten Übernachtungsplatz finden wir etwas weiter südöstlich, südlich von Schnackenburg direkt an der **Gedenkstätte Stresow [N53° 0' 36.38" E11° 34' 13.23"]**.

Am Ort der Gedenkstätte lag früher das Dorf **Stresow**. An die ehemals 16 Höfe erinnern heute nur noch 16 Bäume, die dort im April 2005 gepflanzt wurden.

Stresow lag auch im Sperrgebiet an der Grenze. 1952 begannen mit der bereits erwähnten "Aktion Ungeziefer" die ersten Zwangsaussiedlungen der ca. 100 Dorfbewohner. 1974 mussten die letzten Familien in einer Nacht-und-Nebel-Aktion ihr Zuhause verlassen, vier Familien gelang in letzter Minute die Flucht in den Westen. Stresow wurde von der DDR-Staatsmacht dem Erdboden gleich gemacht.

Wir gehen ein ganzes Stück auf dem Kolonnenweg entlang und besteigen noch den **Aussichtsturm** am Stresower See.

Dünen-
Lehrpfad

*Ausgeschilderte Rundwege führen durch die größte Binnendüne Europas bei Klein Schmöken*

## RUNDLINGE IM WENDLAND UND GEDENKSTÄTTE MARIENBORN

**Die zweite Etappe** der Wohnmobiltour entlang des **„Grünen Bandes"** führt uns ein Stück entlang der Grenze von Niedersachsen und Sachsen Anhalt. Beginnend in **Schnackenburg** an der Elbe folgen wir dem Grenzverlauf zunächst bis **Bergen an der Dumme**. Bekannt ist diese Gegend im **Wendland** für die vielen gut erhaltenen **Rundlingsdörfer**. Nach ein paar Tagen besichtigen wir die **Gedenkstätte Deutsche Teilung Marienborn**. Abschluss dieser Etappe ist in **Schöningen**.

### Schnackenburg und Bergen an der Dumme

*ROUTE: Von Stresow fahren wir auf die andere Seite der ehemaligen Grenze nach **Schnackenburg**, um das dortige Grenzlandmuseum zu besuchen.*

Das **Grenzlandmuseum in Schnackenburg [N53° 2' 12.84" E11° 34' 3.39"],** Am Markt 4, ganz in der Nähe des Fähranlegers der Fähre über die Elbe, erinnert an die 45 Jahre Geschichte der Deutschen Teilung *(geöffnet Mai - Okt. tgl. 10 - 17 Uhr)*. Die Ausstellung zeigt Dokumente, Fotographien sowie Berichte von Zeitzeugen über das Leben im Grenzgebiet. Ein paar Fahrzeuge und Ausrüstungsgegenstände der Grenztruppen sind auch ausgestellt.

*Patrouillenboot am Grenzlandmuseum in Schnackenburg*

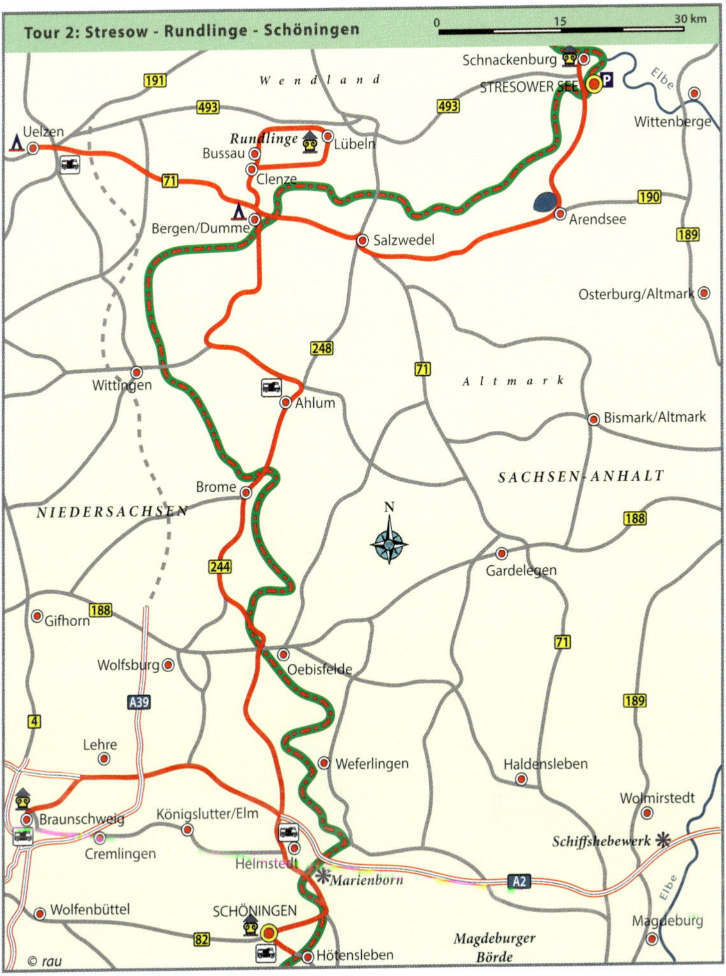


Nach dem Museumsbesuch und einem Rundgang durch das kleine, unspektakuläre Dorf sitzen wir mit Blick auf die Elbe oben auf dem Deich.

Wir beschließen ein paar Tage auf einem Campingplatz bei Bergen an der Dumme zu bleiben, denn die Dreckwäsche nimmt überhand und muss mal durch eine Waschmaschine gejagt werden.

Durch schöne Alleen fahren wir zunächst südwärts bis zum **Arendsee [N52° 52′ 56.03″ E11° 29′ 22.58″]** in der **Altmark** in Sachsen-Anhalt, essen bei einem Fi-

*Auf dem Elbedeich in Schnackenburg*

scher ein nicht wirklich gutes Fischbrötchen und machen einen kurzen Spaziergang.

*ROUTE: Vom Arendsee fahren wir westwärts über **Salzwedel** und über die ehemalige Grenze Sachsen-Anhalt/Niedersachsen (B71) nach **Bergen an der Dumme** in Niedersachsen.*

In **Bergen an der Dumme**, auf dem Campingplatz Fuhrenkamp, erreichen wir unsere Bleibe für die nächsten Tage. Wir stehen zusammen mit 4-5 anderen Campern auf einer großen Wiese. Der Campingplatz ist sehr schön, die Sanitäranlagen sauber und geräumig. Leider liegt der Platz an einer viel befahrenen Straße. Wer länger bleibt, sollte vielleicht auf einen der Komfortplätze ausweichen, die weiter von der Straße entfernt liegen.

Bergen an der Dumme (Landkreis Lüchow-Dannenberg) kann mit einer tollen Metzgerei, einer Bäckerei mit sehr leckerem Angebot und einem guten Restaurant aufwarten.

Bis 1950 war Bergen eine wichtige Zollstelle für den innerdeutschen Warenverkehr (Niedersachsen/Sachsen-Anhalt). 1952 hat die DDR die Grenze geschlossen und der Grenzübergang Bergen hatte keine Bedeutung mehr.

Rund um Bergen verläuft der **Dummewiesenweg**. Der interessanteste Teil ist der Abschnitt zwischen dem kleinen, schönen Ort Jiggel und Bergen, auf dem sich die Dumme durch die Wiesen schlängelt. Im Sommer müssen hier viele Libellen und Schmetterlinge zu beobachten sein. Um das zu sehen waren wir leider etwas zu spät da und das Wetter war auch zu kalt und windig.

## CAMPING – BERGEN AN DER DUMME

**Camping Fuhrenkamp [N52° 53' 13.02" E10° 58' 33.67"]**, Am Fuhrenkamp, Tel. +49 5845 348; www.campingplatz-fuhrenkamp.de; ganzjährig geöffnet. Ebene unparzellierte Wiese an der B71, in einem Waldgebiet; Wiese für Campergruppen; ca. 3,5 ha – 100 Stpl. + Dau.; komfortable Sanitäreinrichtung. Bistro, Hunde willkommen, WLAN, Naturbad mit Sandstrand und Liegewiese, V & E für Wohnmobile.

*Idylle am Dummewiesenweg*

**Die Rundlingstour**

Die Gegend um Bergen herum ist bekannt durch die über 100 **Rundlingsdörfer**.

Ein runder Dorfplatz, bestanden mit schönen großen Bäumen, bildet immer das Zentrum eines Rundlings. Die Höfe stehen mit

*Urige Wassermühle in Jiggel, nördlich von Bergen (Dumme)*

*In einem der malerischen Rundlingsdörfer*

*Einladend - der Biergarten der „Kleinen Kneipe" in Bussau*

dem Giebeln zum Dorfplatz ausgerichtet und die Straßen gehen strahlenförmig vom Platz aus. Die Felder erstrecken sich hinter den Häusern wie große Kuchenstücke.

Eine Rundlingstour startet am besten in **Lübeln**. Lübeln liegt ein gutes Stück nordöstlich von Bergen (Dumme), südlich der B493 und etwa auf halbem Wege zwischen Lüchow und Küsten.

Im Nordosten des Ortes liegt ein größerer **Parkplatz [N52° 58' 38.84" E11° 5' 48.99"]**, von dem es noch ein kurzes Stück zu Fuß, vorbei am Deutschen Kartoffelhotel, zum Rundlingsmuseum ist. Der Grund für den Abstecher hierher ist das **Rundlingsmuseum Wendland [N52° 58' 30.95" E11° 5' 48.87"]**, das man als Einführung unbedingt besuchen sollte.

Was es mit einem Zwei-, Drei- und Vierständerhaus auf sich hat erklärt die Museumsausstellung. Man erfährt dort auch viel über die Geschichte der Rundlinge im Wendland. Die historischen Häuser auf dem Museumsgelände vermitteln einen sehr guten Einblick in die Lebensweise und Arbeitswelt der Bewohner in einem Rundlingsdorf.

Nach dem Museumsbesuch machen wir eine kleine Rundlingstour mit Iwan von **Lübeln** nach Westen über **Diahren, Bussau, Mammoißel, Lensian** und **Schreyahn**.

Besonders gefallen hat uns die **"Kleine Kneipe" [N52° 57' 22.42" E10° 59' 23.37"]** in **Bussau**. Leider hat sie nur an bestimmten Tagen in der Woche auf, aber man darf sich immer in den idyllischen Biergarten setzen und sein Vesper verzehren.

Besonders schön ist es in **Satemin [N52° 57' 23.14" E11° 5' 41.86"]** mit dem sehr großen Dorfplatz, um den sich einige Restaurants und Cafes gruppieren.

Um nach Satemin zu kommen lassen wir Iwan in **Jabel** am Straßenrand stehen und laufen das kurze Stück.

Auf dem Rückweg sehen wir ein Schild am Wegesrand: "Flanksteak vom Galloway". Das wäre doch mal wieder was für den Grill! Der Verkaufsraum befindet sich in der großen, zentralen Tenne eines Rundlingshauses: am Küchentisch bekommt der Nachwuchs gerade Nachhilfeunterricht.

Nicht nur das Flanksteak nehmen wir mit, sondern auch noch Chiliwürste und Schinken vom Galloway. Alles ausgesprochen schmackhaft!

## ABSEITS DER ROUTE

### Hansestadt Uelzen

Heute geht es in das Land der Hexen, genauer gesagt an den nördlichen Rand des Harzes.

Auf dem Weg in den Harz machen wir einen kleinen Umweg über **Uelzen**, um den **Hundertwasser Bahnhof [Parkplatz, N52° 58' 10.7" E10° 33' 19.72"]** anzusehen.

Der Bahnhof der Hansestadt Uelzen zählt sich zu einem der schönsten Bahnhöfe weltweit.

*Im Rundling Satemin*

*Dachverzierungen am von Friedensreich Hundertwasser umgestalteten Uelzener Bahnhof*

Wie auch immer diese Einordnung zustande kommt, auf jeden Fall ist er einer der ungewöhnlichsten. Für die EXPO-2000 wurde der damals sanierungsbedürftige Uelzener Bahnhof von Architektur-Doktor Friedensreich Hundertwasser umgestaltet. Seitdem erstrahlt er in neuer Pracht und wird jedes Jahr von Tausenden Menschen besucht.

Nähert man sich dem Hundertwasser Bahnhof über den großzügig angelegten Bahnhofsvorplatz, hebt sich die Stimmung beim Anblick der bunten Säulen, farbenfrohen Mosaiken und goldenen Kugeln auf dem Dach.

Das schöne Portal führt in den runden Bahnhofsaal mit der großen Glaskuppel. Auch hier geschwungene Formen, bunte Säulen und viel Mosaik.

Zu empfehlen ist ein Blick in das Ober und Untergeschoss.

Selbst die Toiletten mit den besonderen Kacheln, Waschbecken und verspielten Formen sind einen Besuch wert. Allerdings ist das nur mit einem geringen Eintrittsobolus möglich.

Auch die Bahnsteige sind so schön gestaltet, dass ein Reisender dort gerne auf seinen Anschlusszug wartet.

Als Hansestadt hat Uelzen darüber hinaus schöne Fachwerkhäuser und Backsteinbauten zu bieten. Vom Bahnhof in die Altstadt führt der „Weg der Steine“ mit

## PRAKTISCHE HINWEISE – UELZEN

**Touristeninformation Uelzen [N52° 57' 45.92" E10° 33' 33.34"]**, Rathaus, Herzogenplatz 2, 29525 Uelzen, Tel. +49 (0)581 800-6172. *Geöffnet Mo - Fr 9 - 17 Uhr, Sa 9 - 13 Uhr.*

### WOHNMOBIL-STELLPLATZ

**Groß Liedern/Lüneburger Heide**
**Wohnmobil-Stellplatz Am Sportboothafen [N52° 57' 28.7 E 10° 35' 38.5]**, Riedweg 7. **Geöffnet:** Ganzjährig. **Gebühr:** Gebührenpflichtig. **Ausstattung:** Kleiner, einfacher Stellplatz für ca. 8 Wohnmobile, am Sportboothafen. Ebener, von Bäumen umgebener Stellplatz. Strom und Frischwasser gegen Gebühr. V & E Station. Max. Aufenthalt 3 Nächte.

### CAMPING

**Westerweyhe/Lüneburger Heide**
**Camping Uhlenköper Camp [N53° 0' 0.24" E10° 30' 57.51"]**, Festplatzweg, Tel. +49 (0)581 730 44; www.uhlenkoeper-camp.de; Jan. – Dez.; nordwestlich von Uelzen gelegen; ein Öko-Campingplatz, ebenes Wiesengelände mit Baumbestand, parzellierte Stellplätze. Durch das Campinggelände fließt der Westerweyher Bach. Ca. 4 ha – 60 Stpl. + Dau. komfortable Sanitärausstattung, Waschmaschine, Trockner. WLAN. Laden. Imbiss. Schwimmbad. Fahrrad- und Bootsverleih. V & E für Wohnmobile. Pkws müssen teilweise separat geparkt werden.

21 bemalten Felsen der schwedischen Künstlerin Dagmar Glemme.

Von der zentralen Lüneburger Straße zweigt die **Hannemann'sche Twiete** ab. Diese nette, kleine Gasse sollte man auf alle Fälle suchen und im Biergarten, Restaurant oder Café eine kleine Pause einlegen.

### HAUPTROUTE

Heute Abend sind wir in Helmstedt verabredet.

Auf halber Strecke, die Anweisungen des Navis ignorierend, biegen wir Richtung **Ahlumer See [Parkplatz, N52° 41' 43.64" E11° 0' 20.54"]** ab. Am Nordostufer des Sees liegt das Café-Restaurant „Seestüberl-Fischerhütte" mit Terrasse am Wasser. Ein Weg führt um den See, ideal zum Füße vertreten.

Das Cafe und Restaurant „Seestüberl-Fischerhütte" bietet am See auf einer Wiese einfache **Stellplätze für Wohnmobile** an. Wer keine externen Toiletten und Duschen benötigt, findet hier ein schönes, ruhiges Plätzchen.

*Am Ahlumer See*

Nach dem kurzen Spaziergang am Ahlumer See fahren wir weiter, halten noch kurz am Supermarkt in **Brome** an, bevor wir uns zunächst den Stellplatz in Bad Helmstedt anschauen.

Der Wohnmobilstellplatz in Bad Helmstedt liegt schön ruhig hinter dem Brunnentheater. Eigentlich ein schönes Plätzchen im Grünen, aber abgelegen. Wir möchten noch in die Stadt laufen, das

*In Helmstedt*

## WOHNMOBIL-STELLPLÄTZE

**Bad Helmstedt**

**Wohnmobil-Stellplatz Bad Helmstedt Brunnentheater [N52° 14' 13.26" E11° 3' 44.72"]**, Brunnenweg, 38350 Bad Helmstedt. **Lage/Zufahrt:** Bad Helmstedt liegt unweit östlich von Helmstedt. **Geöffnet:** Ganzjährig. **Gebühr:** Keine Gebühr. **Ausstattung:** Geteerte Fläche hinter dem Brunnentheater, in etwas abgeschiedener Lage. Keine wohnmobilspezifische Ausstattung (Wasser, Strom, V & E Station).

**Helmstedt**

**Wohnmobil-Stellplatz Helmstedt Maschweg [N52° 14' 6.64" E11° 0' 42.37"]**, Maschweg, 38350 Bad Helmstedt. **Lage/Zufahrt:** Nordöstlich des Stadtzentrums zwischen Maschstadion und Hafermühlenteich. Nahe der Autobahnausfahrt Helmstedt-Zentrum. **Geöffnet:** Ganzjährig. **Gebühr:** Gebühren nur für Wasser und Strom. Keine Gebühr für den Stellplatz. **Ausstattung:** Einfache, verkehrsgünstig gelegene Stellplatzmöglichkeit mit befestigtem Untergrund. Wasser, Stromanschluss, Ausguss für Grauwasser.

ist uns von hier aus zu weit. Deshalb übernachten wir am nicht so schönen stadtnahen Stellplatz direkt in **Helmstedt**. Er liegt allerdings an einer Durchgangsstraße, die nachts aber nur wenig befahren ist.

Mitten in der Stadt finden wir auf unserer Erkundungstour außer dem "Ratskeller" kein ansprechendes Restaurant. Und so steuern wir den Keller im Helmstedter Rathaus an und lassen uns dort das Abendessen schmecken.

### ABSEITS DER ROUTE

**Durch den Harz nach Braunschweig**

*ROUTE:* ***Braunschweig*** *ist von Helmstedt aus am einfachsten über die Autobahn A2/E30 zu erreichen (rund 40 km).*

**Braunschweig** – Nach einer Sage entstand Braunschweig im Jahre 861. Die erste urkundliche Erwähnung legt aber eine Gründung um das Jahr 1031 nahe.

Die Stadt an der schiffbaren Oker lag an wichtigen Handelsstraßen und hatte sich über die Jahre prächtig entwickelt.

Noch bis Mitte des 20. Jahrhunderts bestand der mittelalterliche Stadtkern aus über 800 Fachwerkhäusern. Den zweiten Weltkrieg überstand nur ein kleiner Teil der alten Häuser. Der enthusiastischen Denkmalpfleger Kurt Seeleke hat sich dem Trend der „brutalen Moderne" nach dem Krieg

*Das „Rizzi Haus" in Braunschweig zieht alle Blicke an*

entgegengestemmt. Ihm ist es zu verdanken, dass in Braunschweig fünf Traditionsinseln erhalten geblieben sind: der **Burgplatz**, die **Aegidien**, das **Magniviertel**, der **Altstadtmarkt**, das **Michaelisviertel**.

Die Traditionsinseln vermitteln einen Eindruck vom früheren Stadtbild und sind inmitten der modernen Stadtteile attraktive Ruheinseln.

Eine weitere Sehenswürdigkeit moderner Architektur ist das bunte, verrückt bemalte **„Rizzi Haus"** im Magniviertel.

Ein Spaziergang durch die Traditionsinseln und in den Parks entlang der Oker, die den Altstadtkern übrigens von allen Seiten umströmt, ist sehr zu empfehlen.

Im Stadtzentrum, ganz in der Nähe des Büros der Touristeninformation, lohnt der **Braunschweiger Dom [N52° 15' 51.78" E10° 31' 24.24"]** eine Besichtigung, vor allem auch der berühmten Fürstengräber wegen.

Nördlich des Doms steht mitten auf dem Burgplatz (auch Domplatz) auf einem Denkmalsockel die Bronzeplastik des **„Braunschweiger Löwen".** Das Denkmalmotiv des „Burglöwen" ist über 800 Jahre alt und soll an den Welfenherzog Heinrich der Löwe erinnern.

Und an der Westseite des Burgplatzes liegt das **Braunschweigische Landesmuseum,** ein interessantes Stadt- und Regionalmuseum *(geöffnet tgl. a. Mo 10 - 17 Uhr; https://www.braunschweig.de/kultur/museen/bs_landesmuseum.php).*

Zum Abschluss des Stadtrundgangs in Braunschweig nehmen wir im "Restaurante Al Duomo" Platz, mit Blick auf die Burg Dankwarderode.

## HAUPTROUTE

**Marienborn** – In der Nähe, südöstlich von Helmstedt, liegt die größte und wichtigste **Grenz-**

### PRAKTISCHE HINWEISE – BRAUNSCHWEIG

**Touristeninformation Braunschweig [N52° 15' 49.69" E10° 31' 20.67"]**, Kleine Burg 14, 38100 Braunschweig, Tel. +49 (0)531 47 020 40; https://www.braunschweig.de/tourismus/touristinfo/touristinfo.php. Unweit südwestlich des Burgplatzes (Domplatz). *Geöffnet Mai - Sept. Mo - Fr 10 - 18.30 Uhr, Sa 10 - 16 Uhr, So 10 - 12 Uhr; übrige Zeit sonntags geschlossen.*

### WOHNMOBIL-STELLPLÄTZE

**Wohnmobil-Stellplatz Braunschweig Freizeitbad Wasserwelt [N52°17'5.66" E10°31'2.87"]**, Am Schützenplatz 1; www.wasserwelt-bs.de. **Lage/Zufahrt:** Nördlich der Innenstadt. Zufahrt über die Ausfallstraße Hamburger Straße. In der Nähe des Eintracht Stadions. **Geöffnet:** Ganzjährig. **Gebühr:** Gebührenpflichtig, Anmeldung an der Kasse des Freizeitbades. Anmeldeschein hinter der Windschutzscheibe sichtbar anbringen. **Ausstattung:** Ein sehr komfortabler Stellplatz bei der städtischen Badeanlage mit Sauna und Wellnesseinrichtungen. Befestigter (gepflastert) Stellplatz mit 17 Stellplätzen (5x10 m), durch Laubbäumchen unterteilt. V & E Station, Frischwasser, Strom. Chemikaltoilettenausguss und Toiletten. Für die Nutzung von Strom, Frischwasser etc. ist an der Kasse des Freizeitbades eine sog. SmartCard zu kaufen. WLAN. Aufenthalt max. 5 Nächte.

**Wohnmobil-Stellplatz Braunschweig Theodor-Heuss-Straße [N52° 14' 58.59" E10° 31' 9.97"]**, Theodor-Heuss-Straße. **Lage/Zufahrt:** Südlich der Innenstadt an der Nordseite des Messegeländes. **Geöffnet:** Ganzjährig. **Gebühr:** Keine Stellplatzgebühr. **Ausstattung:** Einfacher, asphaltierter Parkplatz zwischen Bäumen und zwischen dem Gelände einer Kleingartenanlage und einer Stromstation. Platz für ca. 15 Wohnmobile. V & E Station. Frischwasser und Strom gegen Gebühr. Maximaler Aufenthalt zwei Nächte.

**übergangsstelle** (GüSt) zur damaligen DDR. Teile des Geländes sind noch vollständig erhalten und vermitteln einen guten Eindruck über die einstige Grenzabwicklung. Erklärt auf vielen Schautafeln und durch mehrere Ausstellungen erhält man einen Einblick über die Abläufe bei der Ein- bzw. Ausreise und über den gigantischen Ausbau der Grenzstelle über die Jahre hinweg. Das ganze Procedere von der Abgabe der Pässe, Transport über das Förderband zur Personen- und Zollkontrolle ist noch zu sehen – genau wie die LKW-Abwicklung und auch die besonderen Sicherungsmaßnahmen bei der Ausreise.

Die **Gedenkstätte Deutsche Teilung Marienborn [N52° 12‘ 53.42“ E11° 4‘ 58.09“]** an der A2 ist sicher eines der wichtigsten Monumente der Teilung von Deutschland *(geöffnet tgl. 10 - 17 Uhr, Eintritt frei; https://gedenkstaette-marienborn.sachsen-anhalt.de/startseite/).*

Von der Gedenkstätte fahren wir wieder zurück nach Helmstedt auf den Stellplatz, aber nur, um noch das **Zonengrenzmuseum [N52° 13‘ 28.82“ E11° 0‘ 38.84“]** in der Stadt zu besuchen, *(geöffnet Di + Fr 15 - 17 Uhr, Mi 10 - 12 Uhr, 15 - 17 Uhr, Do 15 - 18.30, Sa + So 10 - 17 Uhr; durch Corona ist das Museum nur noch nachmittags von 15:00*

*Die ehem. Grenzübergangsstelle Marienborn, heute Gedenkstätte*

*Anlagen zur Kontrolle von Personen und Fahrzeugen in der Gedenkstätte Deutsche Teilung Marienborn*

*- 17:00 Uhr geöffnet).* Das Museum zeigt in 5 Räumen die Geschichte der innerdeutschen Grenze im Landkreis Helmstedt und die Auswirkung auf das Leben von Betroffenen. Zahlreiche Originaldokumente, Fotos, Modelle der Grenzanlage und Originalobjekte vermitteln ein Bild der Grenze vom Anfang bis zur Wiedervereinigung 1990.

Das Wetter hat sich heute etwas beruhigt. Das nutzen wir um nach dem Museumsbesuch noch einmal trockenen Fußes durch Helmstedt zu laufen. Über 200 Jahre, von 1576 bis 1810 war Helmstedt Universitätsstadt und gehörte zu den „Eliteuniversitäten" der damaligen Zeit.

Das alte Universitätsgebäude (Juleum) aus roten Ziegelsteinen, dem hohen Turm und verzierten Giebeln strahlt noch heute die damalige Bedeutung aus. In dem ehrwürdigen Gebäude befindet sich heute die Bibliothek und das Universitätsmuseum. Der Juleum Turm ist in normalen Zeiten von April bis Oktober an jedem 1. Samstag von 11-12 Uhr für eine Besteigung geöffnet.

Sehenswert sind auch die großen Professorenhäuser in der Altstadt. Hier lebten die Lehrkräfte mit Familie und Bediensteten, teilweise waren dort auch die Studenten untergebracht. Bekannte Personen wie Friedrich Gauß oder Hoffmann von Fallersleben sollen in Helmstedt studiert haben. Das Viertel zwischen Hausmannsturm und dem markanten Marktplatz sollte man in Ruhe erkunden, hier sind einige schöne Fachwerkhäuser zu entdecken.

Unsere nächste Übernachtung ist nur ca. 15 km von Helmstedt entfernt in **Schöningen**. Dort gibt es am Hallenbad einen kleinen Stellplatz.

Schöningen hat zwar einige historische Sehenswürdigkeiten, z. B. das **Schloss [Parkplatz, N52° 08' 22.2" E10° 57' 54.3"]**, den **Barockgarten** oder zahlreiche **Fachwerkhäuser**. Ansonsten ist es touristisch wenig erschlossen: kaum intakte Geschäfte und keine ansprechende Gastronomie. Vielleicht lag es auch an dem trüben, regnerischen Wetter, dass das Ortsinnere keinen einladenden Eindruck machte.

## WOHNMOBIL-STELLPLATZ – SCHÖNINGEN

**Wohnmobil-Stellplatz Schöningen [N52° 8' 1.64" E10° 57' 37.96"]**, Negenborntrift 25, 38364 Schöningen. **Lage/Zufahrt:** Im Südwestbereich des Stadtgebietes. **Geöffnet:** Ganzjährig. **Gebühr:** Keine Gebühr. **Ausstattung:** Stellplätze auf dem Parkplatz (erdige Wiese mit Schotterresten, teils unter Laubbäumen) neben dem städtischen Hallenbad des Badezentrums Negenborn. Stromanschlüsse. V & E Möglichkeit.

## VON SCHÖNINGEN NACH TORFHAUS IM HARZ

**Die dritte Etappe** der Wohnmobiltour entlang des **„Grünen Bandes"** folgt der Grenze zwischen Niedersachsen und Sachsen-Anhalt weiter bis in den **Harz**. Bei **Schöningen** graben Archäologen im alten Braunkohleabbaugebiet nach den Spuren aus der Altsteinzeit. Das Forschungsmuseum **Paläon** gibt in einer modern gestalteten Ausstellung einen Einblick in die Lebensweise der Menschen in dieser Zeit.

Ganz in der Nähe liegt die beeindruckende **Gedenkstätte Hötensleben**.

Als nächstes besuchen wir **Osterwieck**, die „Perle von Sachsen-Anhalt" und **Hornburg** auf der anderen Seite der ehemaligen Grenze.

Auf dem Weg zum **Torfhaus** im Harz liegt noch die kleine **Gedenkstätte in Stapelburg**.

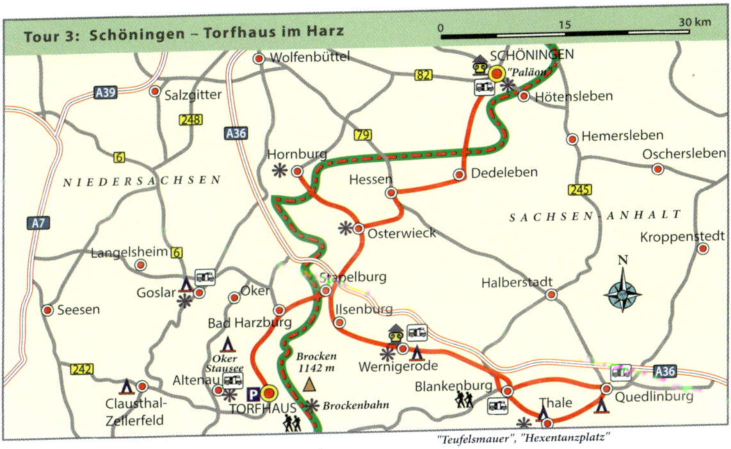


### Die älteste Jagdwaffe und Grenzerfahrungen

Nach einer ruhigen Nacht auf dem Stellplatz in Schöningen laufen wir gut eine viertel Stunde zum Bäcker und frühstücken bei regnerischem, kühlen Wetter im Wohnmobil.

Von 1979 bis 2016 wurde östlich von Schöningen im Tagebau Braunkohle gefördert und in das nahegelegene Kraftwerk Buschhausen geliefert. 1982 untersuchten Archäologen in der Nähe des Abbaugebietes 7000 Jahre alte Siedlungsreste. Diese Untersu-

*Das Forschungsmuseum Schöningen „Paläon“*

chungen ließen weitere bedeutende Fundstellen in dem Braunkohleabbaugebiet vermuten. Der Archäologe Hartmut Thieme begann 1983 mit Langzeituntersuchungen um möglichst viele Fundstücke vor den Braunkohlebaggern zu retten. Seitdem wurden eine Menge bedeutender Funde aus der Steinzeit, Bronzezeit und Eisenzeit ausgegraben. Die 300.000 Jahre alten „Schöninger Wurfspeere“ stellen eine ganz besondere Entdeckung dar. Es sind die bisher ältesten, erhaltenen Jagdwaffen der Menschheit. Sie haben diese lange Zeit fast unbeschadet im Boden überstanden. Ganz aktuell (2020) ist der sensationelle Fund des 300.000 Jahre alten, kompletten Skeletts eines 3,2 Meter großen Waldelefanten. Er hatte 2,3 Meter lange Stoßzähne und wog wahrscheinlich 6,8 Tonnen. Damit war er um einiges größer als die heutigen afrikanischen Elefanten. In der Nähe der Fundstelle der „Schöninger Wurfspeere“ entstand 2013 ein Forschungs- und Erlebniszentrum mit Museum, das Paläon.

**Mein Tipp! Das Forschungsmuseum Schöningen „Paläon“ [Parkplatz, N52° 7‘ 38.61“ E10° 59‘ 34.60“]** ist mit seiner futuristischen Architektur schon sehenswert! *Geöffnet März - Okt. Di - So 10 - 17 Uhr; Nov. - Feb. Mi - So 11 - 16 Uhr; https://forschungsmuseum-schoeningen.de/home.*

Drumherum wurde ein Park gestaltet, so wie man sich aus den archäologischen Funden die Umgebung zur damaligen Zeit vorstellt.

Ein Erlebnisparcours für Kinder führt durch den Park und an den angrenzenden **Braunkohleabbau** bis zu einem Aussichtspunkt bei einem ausgedienten Schaufelradbagger.

Die Ausstellung im Museum ist sehr modern gestaltet mit großen Dioramen und interaktiven Elementen, die anschaulich die Lebensweise zur Steinzeit vermitteln. Im Zentrum der Ausstellung stehen die ältesten gefundenen Jagdwaffen, die **Schöninger Holzspeere**.

### Gedenkstätte Hötensleben

Zwei Kilometer vom Forschungsmuseum „Paläon" entfernt liegt **Hötensleben** in Sachsen-Anhalt. Auf einer Länge von 350 Meter ist am **Grenzdenkmal Hötensleben [Parkplatz, N52° 7′ 20.14" E11° 0′ 46.41"]** der gesamte "Schutzstreifen" im Orginalzustand von 1989 komplett erhalten. Die Mauern, Metallgitterzäune, Signaldrähte, Minenfelder, Hundelaufanlagen und Wachtürme stehen seit 1990 unter Denkmalschutz.

Die Gedenkstätte Hötensleben ist der am besten und umfänglichsten erhaltene Abschnitt der Grenzbefestigungen. Da die Häu-

*Die Braunkohlegrube beim Forschungsmuseum Schöningen „Paläon"*

*Kontrollstreifen, Grenzdenkmal Hötensleben*

ser des Dorfes in unmittelbarer Nähe zur Grenzanlage standen, wurden eine zusätzliche Sichtmauer und zwei Lichttrassen installiert.

Zum Übernachten möchten wir gerne in einen hübschen Ort, vielleicht auch mit Gastronomie für ein gepflegtes Abendessen.

Ausgesucht haben wir uns **Osterwieck**, die **„Perle von Sachsen-Anhalt"**. Es soll ein Städtchen mit vielen, prunkvollen Fachwerkhäusern sein. Die Ankunft ist aber etwas ernüchternd: Viele Häuser in schlechtem Zustand, keine Leute auf den Straßen zu sehen und Geschäfte oder Restaurants auch nicht zu entdecken. Vielleicht liegt es u.a. am trüben Wetter, aber das sieht alles nicht sehr vertrauenserweckend aus. Mitten in der Stadt auf einem Parkplatz übernachten, das wollen wir nicht. So fahren wir an den Ortsrand, den Berg hinauf auf einen Wanderparkplatz.

Um ein paar Schritte zu sammeln, laufen wir einen **Rundweg zum Bismarckturm [N51° 59' 12.80" E10° 42' 42.11"]**, von dem man - wenn geöffnet - einen schönen Rundumblick hat.

Zum Turm führt eine breite Allee für Spaziergänger, die mit dem bunten Laub und trüben Licht schon recht herbstlich aussieht. Das etwas weiter östlich vom Bis-

*Lauschiger Spazierweg zum Bismarckturm bei Osterwieck*

marckturm gelegene Gasthaus "Waldhaus Osterwieck" sieht innen auch nicht besonders einladend aus und so verkriechen wir uns ins Wohnmobil und kochen selbst.

### Stadtrundgang Osterwieck

Die Übernachtung auf dem Wanderparkplatz war ideal. Obwohl es wieder regnet, wollen wir Osterwieck noch eine Chance geben. Wir gehen von dort zu Fuß in den Ort und streunen durch die Straßen.

Urkundlich erwähnt wurde der Ortsname Osterwieck erstmalig im Jahre 1073.

Entstanden aus einem Missionszentrum wuchs die Ansiedlung über die Jahre und erhielt um 1215 Stadtrechte.

Osterwieck wurde von mehreren Katastrophen heimgesucht. Eine große Überschwemmung zerstörte 1495 die Stadtmauer und ein großer Teil der Stadt ging 1884 in Flammen auf. Aber die wohlhabenden Handwerker bauten die Stadt immer wieder mit prunkvollen Fachwerkhäusern auf.

Über 400 Fachwerkhäuser aus unterschiedlichen Stilepochen prägen das Bild der Altstadt. Das Stadtzentrum steht unter Denkmalschutz und wird zu den wertvollsten Fachwerkstädten in Ostdeutschland gezählt.

*In Osterwieck*

Die Stadt nennt sich auch die „Perle Sachsens".

Ein interessantes Haus ist der **Schäfershof** mit einem Taubenturm im Innenhof und einem sehr schönen Bauerngarten. Viele der reich verzierten Häuser sind aufwändig renoviert, aber ebenso viele sind in einem baufälligen Zustand.

Seit 9 Jahren ist die Stadt damit beschäftigt die wertvolle Bausubstanz Stück für Stück zu sanieren.

Interessant ist, dass an den meisten historischen Häusern eine kleine Tafel angebracht ist mit Informationen über Geschichte und Baustil des Hauses. Die kunstvoll gestalteten lateinischen und deutschen Inschriften auf den Stockschwellen und Brüstungsbohlen sind auch ausführlich erklärt.

Touristisch ist Osterwieck überhaupt nicht erschlossen – bis auf das schöne Hotel "Brauner Hirsch". Ansonsten gibt es in der ganzen Stadt kein Café, kein Restaurant, kein Geschäft! Noch nicht einmal die üblichen Kebab Läden, Nagelstudios, Spielhallen oder Telefonshops! Nix, bis auf einen Optiker in einem ganz imposanten Haus, eine Apotheke und eine geschlossene Bar.

Gerade für große Wohnmobile ist es schwer einen Parkplatz in Osterwieck zu finden. Zwei Möglichkeiten sein Fahrzeug abzustellen gibt es: Am Langenkamp bei der Diskothek Direkt oder in der Rudolf-Bretscheid-Allee gegenüber der Sporthalle.

Wer sich für Kirchenkunst interessiert, sollte sich mitten in Osterwieck die **St. Stephanie Kirche [N51° 58′ 15.80″ E10° 42′ 30.71″]** mit ihren mächtigen Türmen, eine der ältesten Kirchen der Gegend, und in der Kirche den prächtig geschnitzten **Flügelaltar** aus dem Ende des 15 Jh. ansehen.

Heimatkundliches über den Ort und die Region erfährt man in den Museen **Osterwieck Museum [N51° 58′ 14.19″ E10° 42′ 34.31″]**, Am Markt 1, und im **Heimat- und Regionalmuseum [N51° 58′ 11.93″ E10° 42′ 33.22″],** Am Markt 11. Die Museen waren während der Coronapandemie 2020 vorübergehend geschlossen.

### Stadtrundgang Hornburg

Einen kleinen Sprung über die Grenze nach Niedersachsen liegt an der B82 eine andere Perle mit Fachwerkhäusern: **Hornburg**.

Ein schönes, kleines Städtchen mit einer **Burg [N52° 1′ 42.83″ E10° 36′ 24.73″]**, einem Mühlbach mit alter Mühle und vielen Fachwerkhäusern.

Hornburg ist etwas lebenswerter. Es gibt ein oder zwei Cafés, Restaurants und ein paar Geschäfte.

Man kann dort einen schönen Zwischenhalt einlegen, wenn man zufällig vorbei kommt.

*Eines der zahlreichen Fachwerkhäuser in Hornburg*

*Sehenswert - Fachwerk in Hornburg*

*Am Mühlbach in Hornburg*

Und wer sich für das Städtchen näher interessiert – in Hornburg wurde 1005 schließlich der spätere Papst Clemens II (Pontifikat 1046 bis zu seinem Tode 1047) geboren, wird das **Museum Hornburg [Parkplatz, N52° 1' 42.76" E10° 36' 17.49"],** das am Montelabbateplatz 1 in einem stattlichen Fachwerkhaus untergebracht ist, besuchen wollen *(geöffnet tgl. a. Mo 14 - 16 Uhr; www.museum-hornburg.de).*

Touristische Informationen über Hornburg erfährt man im **Amt für Tourismus [N52° 1' 49.34" E10° 36' 22.25"]** in der Pfarrhofstraße 5, *geöffnet Di 9 - 12 Uhr, 14 - 16 Uhr, Do + Fr 9 - 12 Uhr.*

### Gedenkstätte Stapelburg

Auf unserem Weg in den Harz wechseln wir ab und an von Niedersachsen nach Sachsen-Anhalt. Besonders an dieser Stelle in **Stapelburg** ist, dass schon am 11. November 1989 die Bewohner die Grenze öffneten und einen Übergang ins benachbarte **Eckertal** in Niedersachsen ermöglichten. Das war die erste Grenzöffnung am Grünen Band.

Das Museum zur Gedenkstätte existiert seit einigen Jahren nicht mehr. Die Art der Grenzbefestigung in Stapelburg haben wir an keiner anderen Stelle gesehen. Niedrige Mauern aus übereinandergestapelten Betonsteinen und

*Gedenkstätte Stapelburg*

dazwischen eine betonierte Fläche. Sieht im heutigen Zustand nicht wie ein unüberwindliches Hindernis aus!

*ROUTE: Bei Stapelburg geht es noch einmal über die Grenze nach **Eckertal** und zur B4, auf die man in **Bad Harzburg** trifft. Die B4 schraubt sich dann schon bald mit teils stattlichen Steigungen hoch in den Harz nach **Torfhaus**.*

In **Torfhaus** wollen wir auf dem großen, gebührenpflichtigen **Parkplatz „Brockenblick" [N51° 48' 11.73" E10° 32' 12.20"]** am Nationalpark-Besucherzentrum übernachten. Als wir ankommen ist es recht kühl (Torhaus liegt rund 800 m hoch), windig und die tiefen Wolken verdecken den **Brocken**. Unter diesen Bedingungen verkriechen wir uns bald ins Wohnmobil und verbringen eine recht ruhige Nacht, obwohl die Bundesstraße direkt am Parkplatz vorbei führt.

### ABSEITS DER ROUTE

**Goslar,** eine Fachwerkstadt mit sehenswerter Altstadt, liegt nur wenige Kilometer westlich der ehemaligen Zonengrenze am Rande des Harzes. Ein Abstecher dorthin lohnt allemal.

*ROUTE: Am einfachsten fährt man von **Stapelburg** aus zunächst westwärts nach **Bad Harzburg** und nimmt von dort entweder die B4/6 oder die Landstraße über Oker nach **Goslar**.*

Die 1000 Jahre alte Kaiserstadt und Handelsmetropole Goslar ist seit 1992 UNESCO-Weltkulturerbe.

Innerhalb der ehemaligen Stadtmauer bilden bis zu 1500 Fachwerkhäuser aus unterschiedlichen Epochen die Altstadt. Fast alle der durch Fachwerkhäuser begrenzten engen Gassen führen zum Marktplatz.

Auf alle Fälle lohnt sich ein Besuch des ältesten Platzes in Goslar, sowie eine Erkundung der vielen kleinen gepflasterten Gassen.

Zentrum der Stadt Goslar ist der **Marktplatz [N51° 54' 20.92" E10° 25' 43.25"]**, an dessen Stirnseite das ehrwürdige **Rathaus** steht.

Am Marktplatz liegt auch das Büro der Touristeninormation und das Hotel Restaurant Schiefer, das komplett (wie der Name schon vermuten lässt) mit Schiefer verkleidet ist. Überhaupt sind Schieferverkleidungen an Häusern typisch für den Harz und in vielen Städten zu sehen.

Am Marktplatz setzen wir uns bei gutem Essen und Trinken vor dem Hotel Schiefer in die Sonne.

Zum UNESCO Weltkulturerbe gehört auch das südlich der Stadt gelegene historische, ehemalige **Bergwerk Rammelsberg [Park-**

*Der zentrale Markt in Goslar und das schieferverkleidete Hotel Schiefer*

**platz, N51° 53' 19.24" E10° 25' 10.63"].** Das Besucherbergwerk zeigt erhaltene technische Anlagen Über- und Untertage.

Ein „Kulturerbetag" wird jedes Jahr am ersten Sonntag im Juni zelebriert.

Wer Näheres über die Altstadt von Goslar erfahren will, für den veranstaltet das Touristenamt geführte Stadtrundgänge (nicht während der Coronazeit!).

Oder man kann sich der sog. „Bimmelbahn" anvertrauen, einem Rundfahrtzüglein, das Sie (gegen Gebühr) in gut einer halben Stunde bequem durch die historische Altstadt bringt. Die Touren mit der „Bimmelbahn" starten ab 10.15 Uhr stündlich am Rathaus. Die letzte Tour findet gegen 16 Uhr statt. Tickets bekommt man im Touristenbüro oder direkt an der „Bimmelbahn".

Das Rundfahrtbähnchen hat auch einen Stopp an der **Kaiserpfalz Goslar [Parkplatz, N51° 54' 9.92" E10° 25' 40.49"]**, der großen Sehenswürdigkeit der Stadt.

Die Kaiserpfalz in Goslar *(geöffnet Apr. - Okt. tgl. 10 - 17 Uhr; Nov. - März tgl. 10 - 16 Uhr; Führungen 3x täglich; gegen Gebühr können Audioguides geliehen werden)*, auf einer leichten Anhöhe im Süden der Stadt gelegen, zählt zu einem der größten weltlichen Gebäude aus dem 11. Jh. Schon damals spra-

*Hotel Kaiserworth am Marktplatz in Goslar*

*In der Altstadt von Goslar*

## PRAKTISCHE HINWEISE – GOSLAR

**Touristeninformation Goslar [N51° 54′ 22.26″ E10° 25′ 45.66″],** Markt 7, 38640 Goslar, Tel. +49 (0)5321 780 60; https://www.goslar.de/.

### WOHNMOBIL-STELLPLATZ

**Wohnmobil-Stellplatz Füllekuhle Goslar [N51° 54′ 36.31″ E10° 25′ 4.39″],** Bertha-von-Suttner-Strasse. **Lage/Zufahrt:** Im nordwestlichen Stadtgebiet zwischen B82 und Bahnhof. Zufahrt von der B82. **Geöffnet:** Ganzjährig. **Gebühr:** Gebührenfrei. **Ausstat-**

**tung:** Weitgehend ebene, gepflasterte Parkplatzfläche. Keine wohnmobilspezifischen Einrichtungen.

**CAMPING**

**Camping Sennhütte [N51° 53′ 22.36″ E10° 23′ 58.31″]**, Clausthaler Str. 28, Tel. +49 (0)5321 225 02; www.campingplatz-goslar.de; www.harz-camp-goslar.de/. Jan. – Dez., firmiert auch unter **Harz-Camp Goslar**. Südlich von Goslar. Zufahrt von der Straße B241 (Clausthaler Strasse) nach Clausthal-Zellerfeld. Parzelliertes Gelände mit befestigten, durch Rasenstücke getrennte Stellplätze, in einem ausgedehnten Waldgebiet. Ein Teil des Platzes reicht bis an die Bundesstraße, der südliche Platzteil grenzt an den Gose-Bach. Ca. 2 ha – 150 Stpl. + Dau. Moderne Sanitärausstattung. Waschmaschine, Trockner. WLAN. V & E für Wohnmobile. Bushaltestelle am Platzeingang.

chen Historiker von der „berühmtesten Residenz des Reiches".

Unter den Denkmälern vor der Pfalz sieht man auch Bronzekopien des Braunschweiger Löwen.

Die Kaiserpfalz in Goslar war über Jahrhunderte der Ort, an dem seit Kaiser Heinrich III. (1016 - 1056, Kaiser des römisch-deutschen Reiches) auf festlichen Hoftagen Geschichte gemacht wurde.

## ABSTECHER NACH WERNIGERODE, NACH QUEDLINBURG UND ZUM HEXENTANZPLATZ

### Wernigerode

Alles dreht sich um Hexen. Der Hexenberg **Blocksberg** ist nicht weit. Als Blocksberg wurde früher der nur wenige Kilometer weiter westlich gelegene **Brocken** im Harz bezeichnet.

Bis ins 18. Jh. hinein glaubte man, dass der Blocksberg einer der großen Hexenversammlungsplätze war. Hier trafen sich angeblich Zauberinnen, Giftmischer und Hexen, die nach Sicht der damaligen Zeit im Bunde mit dem Teufel standen. Vor allem in der **Walpurgisnacht** (30. April/1. Mai), zum Namenstag der heiligen Walpurga, ging es auf dem Blocksberg rund.

Von Wernigerode aus lässt sich der Brocken mit der historischen **Harzer Schmalspurbahn** erreichen. Infos dazu bei Harzer Schmalspurbahnen GmbH, Friedrichstraße 151, 38855 Wernigerode, Tel. 03943-55 80; www.hsb-wr.de.

In Wernigerode fällt schon von weitem das prächtige **Schloss [N51° 49′ 48.75″ E10° 47′ 38.71″]** auf, das hoch über der Stadt thront

*Das Schloss in Wernigerode*

*(geöffnet Apr. - Ende Okt. tgl. 10 - 18 Uhr; übrige Zeit Di - Fr 10 - 17 Uhr, Sa + So 10 - 18 Uhr; letzter Einlass 30 Minuten vor Schließung; https://www.schloss-wernigerode.de/).*

Bevor man von der Altstadt hinauf zum Schloss steigt, ist ein kleiner Rundgang vom großen Parkplatz am Ortseingang die „Breite Straße" entlang bis zum Marktplatz zu empfehlen.

Schnell fallen die liebevoll restaurierten und farbenfrohen Fachwerkhäuser auf. Wegen des bunten Stadtbildes hat der „Heidedichter" Hermann Löns im 19. Jahrhundert Wernigerode den Beinamen „Bunte Stadt am Harz" gegeben.

In der „Breite Straße" fällt die komplett geschnitzte Fassade des „Krummelschen Hauses" auf. Geht man am Wohltäterbrunnen auf dem Markplatz vorbei, sieht man den 41 Meter hohen Westtorturm der Stadtbefestigung. Von der Stadtmauer sind nur noch Reste vorhanden, die aber noch einen guten Eindruck der damaligen Verteidigungsanlagen vermitteln. Fragmente der Stadtmauer sind in dem kleinen Park am westlichen Ende der Lindenallee zu finden.

Am Marktplatz liegt das berühmte Rathaus mit seinen zwei Türmchen.

Hinter dem Rathaus südlich des Marktplatzes findet man zwei interessante Museen. **Das Museum Schiefes Haus [N51°49'57.53" E10°47'3.81"]** in der Klintgasse in

*Werningerode - alles dreht sich um Hexen*

formiert über die Stadtgeschichte und über die ehemals hier ansässige Tuchfabrik *(geöffent tgl. a. Mo 11 - 17 Uhr; http://www.museum-schiefes-haus.de/start.html).*

Etwas westlich davon liegt das **Harzmuseum Wernigerode [N51° 49' 57.75" E10° 47' 1.13"]**, ein Naturkundemuseum. Auf der linken Seite, gegenüber dem Rathaus

*Das „Kleinste Haus" in Wernigerode*

## PRAKTISCHE HINWEISE – WERNIGERODE

**Touristeninformation Wernigerode [N51° 49 '58.98" E10° 47' 4.37"]**, Marktplatz 10, 38855 Wernigerode, Tel. +49 (0)3943 55 378 55. *Geöffnet Mai - Okt. Mo - Fr 9 - 19 Uhr, Sa 10 - 16 Uhr.*

### WOHNMOBIL-STELLPLATZ

**Wohnmobil-Stellplatz Schlossanger Wernigerode [N51° 50' 19.54" E10° 47' 43.07"]**, Halberstätter Strasse. **Zufahrt/Lage:** Im Nordosten der Innenstadt. **Geöffnet:** Ganzjährig. **Gebühr:** Gebührenpflichtig, Parkplatzautomat. **Ausstattung:** Befestigte Stellplätze zwischen Laubbäumen am Nordwestrand des Pkw- und Busparkplatzes Schlossanger (mit Stromladestation), hinter der TOTAL-Tankstelle. Frischwasser, Chemikaltoilettenausguss an der Schlossbahnkasse (9-19 Uhr). Der Park dient auch als Festplatz. Bei Festen ist der Stellplatz geschlossen!

**Wohnmobil-Stellplatz Am Katzenteich Wernigerode [N51° 50' 19.72" E10° 46' 54.18"]**, Am Katzenteich. **Lage/Zufahrt:** Nördlich der Innenstadt. **Geöffnet:** Ganzjährig rund um die Uhr zugänglich. **Gebühr:** Gebührenpflichtig. **Ausstattung:** Befestigte Flächen zwischen Wiesenstücken für ca. 20 Wohnmobile, neben einem großen Pkw-Parkplatz. Strom, Frischwasser und Toiletten gegen Gebühr. V & E Station.

### CAMPING

**Camping Alte Waldmühle [N51° 48' 54.77" E10° 48' 52.32"]**, Mühlental 122, Tel. +49 (0) 3943 266 399; www.altewaldmuehle.de. Mitte Apr. – Ende Okt. Rund 4 km südöstlich des Ortes an der B244, beim gleichnamigen Hotel-Restaurant. Ebenes Wiesengelände in einem Waldgebiet. Ca. 2 ha – 100 Stpl. Standard-Sanitärausstattung, Waschmaschine, Trockner, WLAN, Restaurant. V & E für Wohnmobile.

liegt der Eingang zum **Wernigeroder Kunst- und Kulturverein e.V. [N51° 49' 58.86" E10° 47' 5.60"]**. Der Besuch im Hinterhof des Vereins lohnt sich. Dort sind Verkaufsräume und Werkstätten von Glasbläsern oder Kunsthandwerkern. Man findet sicherlich das ein oder andere Geschenke für die daheim Gebliebenen. Nach dem Besuch des **„Kleinsten Hauses"**, folgt ein Rundgang über die alte Stadtbefestigung, bevor wir mit Iwan unsere nächste Station ansteuern.

### Quedlinburg

Nur wenige Kilometer südöstlich von Wernigerode liegt das

*In Quedlinburg*

nächste Highlight: **Quedlinburg.** Ein Besuch in Quedlinburg ist wie eine Reise zurück ins Mittelalter. Seit 1994 gehört Quedlinburg zum UNESCO-Welterbe. In der Stadt gibt es nicht nur über 2000 Fachwerkhäuser, sondern auch etliche Jugendstilvillen. Auf dem Marktplatz steht vor dem Rathaus der **Quedlinburger Roland**.

Den Reichtum Quedlinburgs zeigt das Rathaus aus dem 13. Jahrhundert. Der prächtige Bau ist aus Stein. Zur damaligen Zeit eine Bauweise, die einen erheblichen finanziellen Aufwand erforderte.

Hinter dem Rathaus sind die Marktkirche und der sehenswerte Marktkirchhof.

Man kann lange durch die Altstadt streunen und viele interessante Ecken entdecken. Empfehlenswert ist auch ein Blick in den Adelshof mit seinem Taubenturm.

Am Kornmarkt steht das **Palais Salfeldt [N51° 47′ 26.01″ E11° 8′ 33.95″]**, ein Barockpalais und eines der wenigen histo-

### PRAKTISCHE HINWEISE – QUEDLINBURG

**Touristeninformation Quedlinburg [N51° 47′ 21.21″ E11° 8′ 30.40″]**, Markt 4, 06484 Quedlinburg, Tel. +49 (0)3964 90 56 24; www.quedlinburg-info.de; *geöffnet Apr. - Okt. Mo - Sa 9.30 - 18 Uhr, So 10 - 15 Uhr; Nov. - März Mo - Do -9.30 - 17 Uhr, Fr + Sa 9.30 - 18 Uhr.*

Auf dem Marktplatz, gegenüber der Touristen Information, starten Stadtrundfahrten mit der „Bimmelbahn".

## WOHNMOBIL-STELLPLÄTZE

**Wohnmobil-Stellplatz An den Fischteichen Quedlinburg [N51° 47' 35.00" E11° 8' 53.44"]**, An den Fischteichen (L85). **Lage/Zufahrt:** Am Nordrand der Innenstadt. **Geöffnet:** Ganzjährig, rund um die Uhr zugänglich. **Gebühr:** Gebührenpflichtig. **Ausstattung:** Ebener, beleuchteter Stellplatz, von Bäumen umgeben. Platz für etwa 15 Wohnmobile. Stadtzentrum noch in Gehnähe. Frischwasser und Strom gegen Gebühr. Neben dem Baran Bistro. Bushaltestelle Kleer an der Straße.

**Wohnmobil-Stellplatz Marschlinger Hof Quedlinburg, [N51° 47' 28.80" E11° 8' 22.64"]**, Marschlinger Hof. **Lage/Zufahrt:** Sehr zentral in der Stadtmitte unweit westlich der Marktkirche Sankt Benedikt gelegen. **Geöffnet:** Ganzjährig, rund um die Uhr zugänglich. **Gebühr:** Gebührenpflichtig, Parkautomat, auch mit Kreditkarte. **Ausstattung:** Fast ebene, gepflasterte Parkplatzfläche, beleuchtet. Teil eines Groß- und Busparkplatzes mit „Stromtankstelle". V & E Station. Frischwasser und Strom gegen Gebühr. Toiletten.

**Wohnmobil-Stellplatz Am Lehof Quedlinburg [N51° 48' 13.67" E11° 10' 4.09"]**, Feldmark links der Bode. **Lage/Zufahrt:** Nordöstlich außerhalb von Quedlinburg gelegen. **Geöffnet:** Ganzjährig, rund um die Uhr zugänglich. **Gebühr:** Gebührenpflichtig. **Ausstattung:** Ein wenig einladendes, ehemaliges, mit Büschen und Bäumen bestandenes Gewerbegelände dient als Wohnmobilstellplatz. Auch für Caravans. V & E Station. Frischwasser. Duschen, Toiletten. Strom gegen Gebühr.

## CAMPING

**Gernrode**

**Camping Harz-Camp Bremer Teich [N51° 41' 14.48" E11° 6' 36.32"]**, Bremer Dammteich, 06485 Quedlinburg-Gernrode,Tel. +49 (0)39485 608 10; www.harz-Camp-gernrode.de; Jan. – Dez. Ein gutes Stück südlich von Quedlinburg und südlich der Gemeinde Gernrode. Leicht ansteigendes, naturbelassenes Wiesen- und Waldgelände am Nordufer des Bremer Teiches mitten in einem ausgedehnten Waldgebiet. Abgelegen, ruhig. Separater Parkplatz für Pkw. Ca. 5 ha – 150 Stpl. Stark mit Dauercampern belegt. Gute Standard-Sanitärausstattung. Waschmaschine, Trockner. Laden und Imbiss in der Saison. V & E für Wohnmobile. Bademöglichkeit im See.

rischen Steinhäuser in der Stadt. Das Gebäude, das unweit nördlich der zentralen Marktkirche liegt, gehört der Deutschen Stiftung Denkmalschutz und ist frei zugänglich. Ein Besuch in diesem imposanten Haus, das heute vornehmlich als Konferenzzentrum dient, ist zu empfehlen.

### Abstecher zur „Teufelsmauer"

Auf der Bundesstraße von Wernigerode nach Quedlinburg hatten wir auf der rechten Seite bizarre Felsformationen gesehen, die steil in den Himmel ragen.

Als wir Quedlinburg Richtung Thale verlassen, erscheint am Ortsende von **Weddersleben** ein **Parkplatz [N51° 45′ 25.77″ E11° 5′ 28.41″]** mit dem Hinweisschild **Teufelsmauer**. Das könnten doch die Felsen sein! Nix wie rechts ran fahren und mal nachschauen was das ist.

Vom Parkplatz ist es ein kleiner Spaziergang auf dem markierten **Teufelsmauerstieg,** anfangs am Flüsschen Bode entlang, nach Westen bis zu den fast 200 m hohen Sandsteinformationen der Teufelsmauer. An der sog. „Langen Wand" gibt es einen Aussichtspunkt.

Die Gegend um die Teufelsmauer ist Naturschutzgebiet, das Klettern an den Steinkolossen ist nicht erlaubt.

„Die Teufelsmauer ist eine aus harten Sandsteinen der oberen

*Felsformationen an der „Teufelsmauer"*

Kreide bestehende Felsformation im nördlichen Harzvorland. ... Der wahrscheinlich markanteste Teil der Teufelsmauer befindet sich südlich von Weddersleben." (Zitat: Das Bodetal).

Seit 1935 steht die Teufelsmauer bei Weddersleben unter Naturschutz und zählt somit zu den ältesten Naturschutzgebieten Deutschlands überhaupt.

### Der Hexentanzplatz

*ROUTE: Unweit westlich von Weddersleben liegt das Städtchen **Thale** an der Bode. Und südlich des Ortes kommt man über enge Landsträßchen zum sog. **Hexentanzplatz**.*

Der Name **Hexentanzplatz [Parkplatz, N51° 43' 51.87" E11° 1' 34.71"]** ist mystisch und man stellt sich ein verwunschenes Plätzchen vor, auf dem sich die Hexen fernab der Zivilisation tummeln. Schon die Anfahrt über eine enge, kurvige Straße (teilweise nur einspurig) ist vielversprechend.

Oben, auf dem Plateau, fühlt man sich plötzlich in einen Freizeitpark versetzt. Weg, die romantischen Vorstellungen.

Am Rande des großen Besucherparkplatzes findet man die **Harz Mystery Show**. Und gleich neben dem Parkplatz liegt der **Tierpark Hexentanzplatz.**

*Im Hexenhaus am Hexentanzplatz steht alles Kopf*

## PRAKTISCHE HINWEISE – THALE

**Bodetal Information Thale [N51° 44' 44.70" E11° 1' 52.21"]**, Bahnhofstraße 1, 06502 Thale, Tel. +49 (0)3947 77 68 00-0; https://www.bodetal.de/; *geöffnet Mo - Fr 8 - 17 Uhr, Sa + So 9 - 13 Uhr.*

### WOHNMOBIL-STELLPLATZ – BLANKENBURG

**Wohnmobil-Stellplatz Am Schnappelberg Blankenburg [N51° 47' 18.63" E10° 57' 37.63"]**, am Schnappelberg. **Lage/Zufahrt:** Im Süden der Stadt zwischen Schlossgarten Park und B81 (Hasselfelder Strasse). **Geöffnet:** Ganzjährig. **Gebühr:** Gebührenpflichtig. **Ausstattung:** Zwei benachbarte, geteerte, ebene Parkplätze auf denen die Stadt Übernachten im Wohnmobil gestattet. Frischwasser und Strom gegen Gebühr. Toiletten. Ortszentrum in Gehnähe. Auch für Caravans.

### CAMPING – THALE

**Camping Klostercamping Thale [N51° 45' 20.16" E11° 3' 1.16"]**, Wendhusenstrasse 3, Tel. +49 (0)3947 63 185; www.klostercamping-thale.de; Mitte März – Mitte Nov.; am Nordostrand der Stadt Thale. Im Eingangsbereich gärtnerisch gestaltetes Wiesengelände mit lichtem Baumbestand, am Nordwestufer des Flüsschens Bode, das hier eine Biegung macht. Ca 3 ha – 100 Stpl., Komfort-Sanitärausstattung. Waschmaschine, Trockner. WLAN in bestimmten Bereichen. Cafeteria. V & E für Wohnmobile.

Wer's bequemer mag und das Sträßchen zum Hexentanzplatz vermeiden will, steuert **in Thale den Parkplatz [N51°44'45.18" E11°1'36.06"]** beim Hüttenmuseum am Westrand der Stadt am Flüsschen Bode an, geht das kurze Stück bis zur Talstation und fährt mit der **Kabinenseilbahn** hinauf zur Bergstation Hexentanzplatz ganz in der Nähe des besagten Besucherparkplatzes.

In der Walpurgisnacht versammeln sich die Hexen an diesem Platz, um von dort gemeinsam zum Blocksberg zu fliegen. Nicht nur in dieser Nacht, sondern das ganze Jahr über, wird der Hexentanzplatz von zahlreichen Touristen besucht. Von dem 454 Meter hohen Plateau blickt man auf schroffe Felsen, hinab in das Bodetal und auf den Rosstrappenfelsen. Fast senkrecht fällt die Felswand am Aussichtspunkt ins wilde Bodetal hinab. Bei schönem Wetter sieht man bis weit in das nördliche Harzvorland hinein.

Der Blick von der Aussichtsplattform ist phänomenal. Ein Biergarten unter Bäumen, mit einem tollen Ausblick, ist ein schöner Platz zum Ausruhen.

Und wer gerne einmal einen Blick in die Welt der 40-jährigen „Vorwendezeit“ tun will, die Vielen von uns lange fremd war, kann in Thale das **DDR Museum Thale** **[N51° 44′ 55.99“ E11° 1′ 57.15“]** in der 6. Etage eines Möbelhauses in der Steinbachstrasse besuchen *(geöffnet Mo - Fr 10 - 18 Uhr, Sa 10 - 16 Uhr; https://ddr-museum-thale.de/)*.

*Am Torfhaus im Harz*

## VON TORFHAUS IM HARZ BIS BAD SOODEN-ALLENDORF

**Die vierte Etappe** der Wohnmobiltour entlang des **„Grünen Bandes“** verlässt die Grenzlinie zwischen **Niedersachsen / Sachsen-Anhalt** und endet bei **Bad Sooden-Allendorf** am Grenzfluss Werra. In **Clausthal-Zellerfeld** bleiben wir ein paar Tage auf einem Campingplatz, wandern am **Oberharzer Wasserregal** sowie oben am **Torfhaus** und besuchen den **weltweit größten Kräuterpark in Altenau**. Über **Osterode** und das **Grenzlandmuseum Sorge** erreichen wir das **Heinz-Sielmann Naturerlebniszentrum** im sehenswerten **Duderstadt**. Auf der anderen Grenzseite, jetzt in Thüringen, ist das interessanteste **Grenzlandmuseum Eichsfeld**.

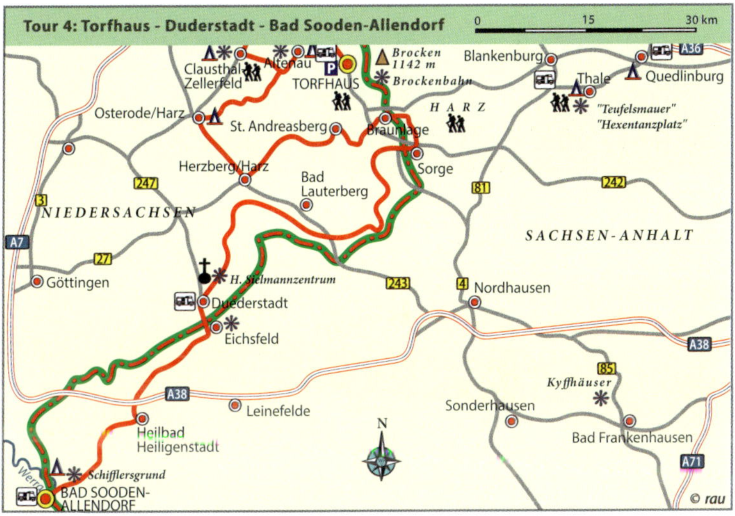


### Wanderung am Oberharzer Wasserregal

Die Nacht auf dem Parkplatz am Besucherzentrum Torfhaus war überraschend ruhig, kaum Verkehr auf der Bundesstraße. Wahrscheinlich auch weil heute Sonntag ist.

Nach dem ersten Kaffee und einem gemütlichen Frühstück war der riesige Parkplatz allerdings schon recht gut gefüllt. Unmengen Wanderer schnüren Schuhe, holen Stöcke und Rucksack aus dem Auto, bevor sie sich auf Wanderschaft begeben.

So beschließen wir für ein paar Nächte auf einen Campingplatz zu gehen, um an einem Wochentag wieder zu kommen.

*Am Okerstausee*

Also machen wir uns auf den Weg Richtung **Clausthal-Zellerfeld**, vorbei an dem ziemlich leer gelaufenen **Okerstausee**.

Dann ist der direkte Weg gesperrt und eine weitläufige Umleitung über Goslar eingerichtet. Am **"Großen Kellerhalsteich" [Parkplatz und Ausgangspunkt des Wanderweges Zeller Kunstgraben, N51° 50' 14.18" E10° 21' 42.76"]** stellen wir Iwan ab, um den ca. 11 km langen **WasserWanderWeg** am Zeller Kunstgraben entlang zu laufen.

**Main Tipp!** Der **Kellerhalsteich** wurde 1724 als Stausee für das **Oberharzer Wasserregal** angelegt. Er diente als Kraftwasserversorgung für den Bergbau. Über einen 6,2 km langen Graben, der mit möglichst wenig Steigung immer den Höhenlinien der Berge folgt, wurde das Wasser zur Zeche transportiert. Heute dient der See zur Trinkwasserversorgung.

Die Gegend um Clausthal Zellerfeld ist mit unzähligen künstlichen Seen und Kanälen durchzogen.

Die ersten Nachweise des Bergbaus im Oberharz stammen aus dem 3. Jahrhundert vor Christus. Hauptsächlich wurden in der Gegend Silber und Blei abgebaut.

Wasser hatte in den Stollen eine zweifache Bedeutung. Eindringendes Wasser behinderte den Erzabbau oder machte ihn teilweise unmöglich. Muskel- oder pferdegetriebene Schöpfanlagen konnten nur sehr begrenzt die Stollen trocken halten.

Wasser konnte aber auch dazu genutzt werden über Wasserräder Maschinen, die Bergmanns Künste, anzutreiben, um mit der gewonnenen Energie Wasser zu fördern.

Diese Methode verhalf im 13. Jahrhundert dem Bergbau im Oberharz zu einer großen Blütezeit. Die Bergwerke arbeiteten sich in immer tiefere Bereiche vor. Wassermangel in niederschlagsarmen Jahren oder Frost im Winter legten öfter die Bergmanns Künste lahm.

Zwischen 1536 und 1866 wurde deshalb das Wasser aus weiter entfernteren Regionen herangeschafft. Dafür legten die Bergleute ein ausgeklügeltes System aus 107 Teichen (Speicherbecken), Gräben mit einer Gesamtlänge von 310 km, Wasserläufen (unterirdische Gräben) mit einer Gesamtlänge von 31 km und Radstuben (mit den darin aufgestellten hölzernen Wasserrädern) an. Das Wasser wurde zur Entwässerung der Gruben, für die Erzförderung, Personenbeförderung und auch für die Erzverarbeitung eingesetzt. Seit 1978 stehen die Anlagen der Oberharzer Wasserwirtschaft unter Denkmalschutz.

*Spaziergang am Kellerhalsteich*

*Start zum WasserWanderWeg*

Seit 2010 sind sie in die Weltkulturliste der UNESCO aufgenommen. Die gewundenen Wasserkanäle sind vielleicht 50 cm breit. Daneben verlaufen schmale Fußwege, die früher für Wartungsarbeiten nötig waren und heute ideale Wanderwege sind. Es gibt insgesamt 22 WasserWanderWege, die mit einem kleinen Wasserrad und

*Parkplatz am Wasserregal Wanderweg*

*Wanderweg entlang eines Wasserlaufs des Wasserregals*

einer Nummer ausgeschildert sind. Nach der Wanderung fahren wir zum Campingplatz Waldweben bei Clausthal-Zellerfeld und richten uns dort für 2 Nächte häuslich ein.

**Wald-Wandel-Weg und das Torfhaus Moor**

Heute, am Montag, wollen wir in Torfhaus noch einige Ausflüge und Wanderungen nachholen, die

*Das Luchsdenkmal am Wald-Wandel-Weg*

*Prächtige Aussichten bieten sich entlang der WasserWanderWege*

### CAMPING – CLAUSTHAL-ZELLERFELD

**Camping Waldweben [N51° 49' 22.12" E10° 19' 15.75"]**, Spiegelthalerstr. 31, 38678 Clausthal-Zellerfeld, Tel. +49 (0)5323 8172; http://campingplatz-waldweben.de/. Jan. – Dez., Mittagspause von 12 - 15 Uhr. Nordwestlich von Zellerfeld. Ruhig gelegenes, von Wald umgebenes, naturbelassenes Wiesengelände am Oberen Zechenteich (keine Bademöglichkeit). Ca. 5 ha – 200 Stpl. + Dau. Gute Standard-Sanitärausstattung. Waschmaschine, Trockner. V & E für Wohnmobile. WLAN. Imbiss.

wir uns gestern wegen der vielen Besucher nicht antun wollten.

Oben angekommen ist es tatsächlich viel ruhiger als am Sonntag.

Eigentlich wollten wir auch hoch auf den Brocken, aber das Wetter macht nicht mit. Es ist einfach zu kalt, windig und unbeständig. Also suchen wir uns einen schönen Rundweg, auf dem wir windgeschützt in der wärmenden Sonne laufen können.

Die Wälder im Harz sehen auf großen Flächen schon erbärmlich aus. Entweder ist alles abgeholzt oder es stehen nur Baumgerippe herum. Aber es ist auch zu sehen, dass überall neue Pflanzen und

*Wanderung auf dem Wald-Wandel-Weg durch das Torfhaus Moor*

*Bei genauem Hinsehen entdeckt man Details im Kräuterpark Altenau*

Bäumchen sprießen: der Bewuchs ist vielfältiger, es blüht und Insekten schwirren herum.

Wie sich der Wald wandelt, ist am besten auf dem **Wald-Wandel-Weg** zu sehen. Hier hat man den direkten Vergleich, wie in nur 10 Jahren aus einer öden Fläche ein neuer gewandelter Wald entsteht. Und zwar ohne menschliche Eingriffe, wie z.B. Aufforstung! Heute sieht es vielleicht noch trostlos aus, aber das ist nicht von langer Dauer.

Auch am Torfhaus sind noch Kanäle und Schleusen des Wasserregals zu erkennen. Wir gehen hinauf zum Hochmoor und haben von dort einen tollen Blick auf den Brocken.

Am nächsten Tag verlassen wir den Campingplatz Waldweben und fahren zunächst ein paar Kilometer weiter in einen Nachbarort von Clausthal-Zellerfeld.

**Mein Tipp!** Im schönen, kleinen Örtchen **Altenau/Harz** gibt es mit 30.000qm den weltweit größten **Kräuterpark [Parkplatz, N51° 48‘ 16.65“ E10° 27‘ 13.85“],** *geöffnet Di - So 10 - 17 Uhr; https://www.kraeuterpark-altenau.de/cms/front_content.php.* In dem Kräuterpark gibt es außer einem großen Gewürz-/Kräuterladen und einer Cafeteria mit Terrasse, natürlich den sehr schön angelegten Garten mit vielen heimischen und exotischen Kräutern.

*Der Brocken vom Torfhaus Moor aus*

## WOHNMBIL-STELLPLÄTZE – ALTENAU/HARZ

**Wohnmobil-Stellplatz Alter Bahnhof Altenau [N51° 47' 57.87" E10° 26' 1.46"]**, Rothenberger Str. 52; https://www.alterbahnhofaltenau.com/. **Zufahrt/Lage:** Am östlichen Ortsrand. **Geöffnet:** Ganzjährig. **Gebühr:** Gebührenpflichtig, bezahlen am Empfang. **Ausstattung:** Langgestreckter, schmaler, ebener Platz in einem Waldgebiet, befestigter Untergrund für Wohnmobile; Platz für etwa 35 Wohnmobile. Sanitäranlagen, Wasserentnahme und Strom gegen Gebühr. Ausguss für Grauwasser und Chemikaltoiletten. Fahrradverleih. Aufenthalt max. 2 Nächte. Auch für Caravans.

**Wohnmobil-Stellplatz Kristall Saunatherme Altenau [N51° 47' 50.72" E10° 26' 36.64"]**, Karl-Reinecke-Weg 35. **Lage/Zufahrt:** Am südöstlichen Ortsrand bei der Therme. **Geöffnet:** Ganzjährig. **Gebühr:** Gebührenpflichtig, zahlen in der Therme. **Ausstattung:** Geteertes, etwas geneigtes Parkplatzgelände, von Wald umgeben, neben dem Pkw-Parkplatz des Multifunktionsbades und dem Ferienpark Glockenberg. Platz für etwa 15 Wohnmobile. Strom, Wasserentnahme und Duschen gegen Gebühr.

## CAMPING

### Altenau/Harz

**Camping Polstertal [N51° 47' 58.90" E10° 24' 56.52"]**, Tel. +49 (0)5323 55 82; www.campingplatz-polstertal.de. Jan. – Dez. Westlich von Altenau, Zufahrt von der Kreisstraße 38 (Altenau – Clausthal-Zellerfeld); terrassierte Wiesen in einem Waldgebiet nahe des Stausees Polstertaler Teich. Ca. 2,5 ha – 70 Stpl. + Dau., gute Standard-Sanitärausstattung. Waschmaschine, Trockner. Restaurant. WLAN. Baden im Polstertaler Teich möglich.

### Altenau/Okerstausee

**Camping Okertalsperre [N51° 48' 57.79" E10° 26' 18.34"]**, Tel. +49 (0)5328 702; www. camping-okertalsperre.de. Jan. – Dez. Nördlich von Altenau, am Westufer eines Ausläufers des Okerstausee. Zufahrt von der Straße B498 (Altenau – Goslar). Schmaler Wiesenstreifen mit Baumbestand zwischen Straße und Stauseeufer. Zur Straße hin durch einen Baumstreifen begrenzt. Ca. 2,5 ha – 80 Stpl. + Dau., gute Standard-Sanitärausstattung. Waschmaschine, Trockner. Im Sommer Imbiss und Restaurant. V & E für Wohnmobile. Bootsverleih. Bademöglichkeit

Auf den wilden Wiesen und Beeten schwirren und brummen vielzählige Insekten. Es gibt eine Lavendel-, eine Melissen-, eine Minzen- oder auch eine Thymianschule mit unzähligen Varianten der jeweiligen Kräutersorten. In der Gewürzpagode, mitten im Park, ist eine Ausstellung über die Geschichte, die Handelswege der Gewürze und deren Herkunft, Heilwirkung, Verwendung zu sehen.

*ROUTE: Von Altenau/Harz fahren wir auf der B498 südwestwärts, das Flüsschen Söse entlang, vorbei an der **Sösetalsperre [Parkplatz, N51° 44‘ 26.52“ E10° 18‘ 31.41“]** bis nach **Osterode am Harz.***

In **Osterode** parken Wohnmobile am besten auf dem **Parkplatz Bleichstelle [N51° 43 ‘39.82“ E10° 15‘ 37.02“]**. Von dort geht man gerade mal 10 Minuten in die Innenstadt. Der **Parkplatz Kornmagazin [N51° 43‘ 43.49“ E10° 15‘ 7.35“],** bietet zwar „Stromtankstellen“ und liegt gleich neben der Touristeninformation, für Wohnmobile ist er aber total ungeeignet.

Mit einem historischen Stadtführer, einer Broschüre von der Touri-Info, ziehen wir los zu einer Stadtbesichtigung.

14 Stationen leiten durch die **Altstadt** mit vielen Fachwerkhäu-

*In Osterode am Harz*

*An der Stadtmauer in Osterode am Harz*

## PRAKTISCHE HINWEISE – OSTERODE AM HARZ

**Touristeninformation Osterode/Harz [N51° 43' 43.49" E10° 15' 7.35"]**; https://www.osterode.de/buergerservice/dienstleistungen/touristinformation-900000148-0.html?myMedium=1; Eisensteinstr. 13/Aegidienstraße 16, D-37520 Osterode am Harz, Tel. +49 (0)5522 318 333. Am Nordrand des alten Stadtzentrums am Beginn der Fußgängerzone. *Geöffnet Mai - Okt. Mo - Fr 10 - 16 Uhr, Sa 10 - 13 Uhr; Nov. - Apr. Mo - Do 10 - 16 Uhr, Fr 10 - 14 Uhr.* Großer Parkplatz nebenan.

### CAMPING

**Camping Eulenburg [N51° 43' 38.95" E10° 16' 58.71"]**, Scheerenberger Straße 100, Tel. +49 (0)5522 66 11; www.eulenburg-camping.de; Jan. – Dez. Östlich des Ortes Richtung Sösetalsperre, zwischen B498 und dem Flüsschen Söse. Ausgedehnter Wiesenstreifen im Wald mit Rad- und Wanderwegen (Harzer Hexenstieg). Ca. 4 ha – 70 Stpl. + Dau. Komfortable Sanitärausstattung, Waschmaschine , Trockner. V & E für Wohnmobile. Spezielle Angebote für Wohnmobile auf dem separaten Wohnmobilstellplatz vor dem Campingplatz. WLAN. Restaurant. Schwimmbad. Fahrradverleih.

sern und die **Stadtmauer** entlang.

Mehrfach sprechen uns hilfsbereite Einwohner von Osterode an, sobald wir stehen bleiben um uns zu orientieren. Sie helfen weiter, erzählen über ihre Stadt und sind recht stolz auf Osterode.

Dennoch beklagen sie aber den langsamen Niedergang und sind mit der Entwicklung unzufrieden. Wie in vielen Städten sind einige Läden leer und Restaurants geschlossen.

Trotzdem hat Osterode noch einiges zu bieten und lohnt einen Aufenthalt.

Zum Abendessen gehen wir in das Restaurant Ratswaage, Waagstrasse, mitten in der Altstadt. **Mein Tipp.** Wir sitzen bei kühlem Wetter draußen, genießen die freundliche Bedienung und das gute Essen.

### Grenzlandschaft Sorge

In 10 Tagen müssen wir schon wieder zurück sein und es gibt noch einiges entlang der Grenze anzuschauen.

Heute wird deshalb ein bisschen weiter gefahren als in den letzten Tagen. Wir folgen auch nicht mehr ganz der Grenze, sondern nehmen ab und zu Abkürzungen, um den ein oder anderen Schlenker des Grünen Bandes zu vermeiden.

*Teilstück der Sperranlage beim Grenzlandmuseum Sorge*

*Kolonnenweg bei Sorge*

*ROUTE: Durch das **Siebertal** geht eine schöne, kurvige Straße hinauf nach **Sankt Andreasberg**. Dann fahren wir über **Braunlage** wieder an die Grenze zwischen Niedersachsen und Sachsen-Anhalt und weiter bis **Sorge** in Sachsen-Anhalt.*

Am westlichen Ortsende von **Sorge** stellen wir Iwan auf dem Parkplatz ab.

**Mein Tipp!** Vom **Parkplatz** geht man noch ein Stück bis zum **Grenzlandmuseum Sorge**. Ab da führt der Kolonnenweg kilometerweit über Berg und Tal.

Der Ring der Erinnerung, ein aufgeschichteter Wall aus Totholz, ist nach 27 Jahren nur noch schwer zu erkennen. Er soll ja auch den Kreislauf von Werden und Vergehen symbolisieren. Wir gehen noch ein ganzes Stück den **Grenzweg** entlang und dann durch den Wald dem Ochsenbach folgend zurück.

In der Försterbergstrasse mitten im Ort neben dem kleinen Bahnhof der Harzbahn gibt es noch das kleine **Grenzmuseum [N51° 41′ 35.96″ E10° 41′ 50.68″]**. Die Ausstellung zeigt die Besonderheiten des Lebens an der innerdeutschen Grenze im Bereich des Harzes.

*Im Gut Herbishagen, heute Heinz-Sielmann- Naturerlebniszentrum*

*Die Franz-von Assisi-Kapelle beim Heinz-Sielmann-Naturerlebniszentrum*

*ROUTE: Mehr oder weniger folgen wir dem Grünen Band bis zum* ***Heinz-Sielmann-Naturerlebniszentrum [Parkplatz, N51° 31' 25.79" E10° 18' 52.00"]*** *nordöstlich von* ***Duderstadt****.*

Die Sielmann Stiftung hat bei Duderstadt das Hofgut Herbishagen erworben.

Erlebnisstationen auf dem Ökobauernhof sind der Stall mit seltenen Haus- und Nutztierrassen, ein Naturlehrpfad mit Bauerngarten, Bienenhaus und Insekten-Nistwand, ein Feuchtbiotop, ein Damwildgehege und vieles mehr.

Man kann hier so richtig die Landluft auf einem Bauernhof schnuppern. Ein schönes Erlebnis für Kinder, aber auch für Erwachsene.

Ausruhen lässt sich im Hofcafé bei Eis und Kuchen.

Wir stellen uns auf den Parkplatz bei der **Franz-von-Assisi-Kapelle** nördlich des Anwesens des Heiz-Sielmann-Naturerlebniszentrums. Eigentlich ist es hier toll zum Übernachten – es ist aber Privatbesitz der Heinz-Sielmann Stiftung und kein offizieller Stellplatz. Nächtigen ist nicht erlaubt! Bei der Einfahrt auf den Parkplatz ist dies aber nicht ersichtlich: Es steht recht versteckt auf der Informationstafel über das Naturzentrum.

Wir bleiben dort stehen, gehen den **Sielmann Rundweg**, genießen beim Abendessen den Sonnenuntergang, bis uns ein Mitarbeiter des Zentrums höflich bittet, einen anderen Stellplatz anzufahren.

Wir kurven hinunter nach **Duderstadt** und stellen uns dort auf den großen Parkplatz am Adenauerring. Zuerst bedauern wir diesen Umzug. Nachträglich betrachtet war die „Vertreibung" ein Glück. Ansonst hätten wir einiges verpasst. Von unserem Übernachtungsplatz in Duderstadt sind es nur 10 Minuten Fußweg in die Stadt.

Schon der erste Blick in die Altstadt gefällt uns so sehr, dass wir uns dazu entschließen Duderstadt etwas genauer zu inspizieren.

Duderstadt ist die Stadt der Türme: Sei es der gewundene Turm des **Westerturmes**, die beiden **Kirchtürme** an den Enden des Marktplatzes oder die drei Türme des tollen **Rathauses**. Das Stadtbild prägen die prächtigen **Fachwerkhäuser**, Restaurants und Cafés, in denen viele Leute sitzen.

Und vor allem die gewagte, auffallende und doch sehr passende Architektur des **Schützenmuseums [N51° 30′ 48.19″ E10° 15′ 21.90″]** am Westerturm, hat uns ganz besonders gut gefallen. Das Museum informiert mit seiner Ausstellung „Stadtluft macht frei" u. a. über Freiheiten und Priviligien, die Städte vor Zeiten ih-

*In Duderstadt*

*Ein Hingucker - der gewundene Westerturm in Duderstadt*

## PRAKTISCHE HINWEISE – DUDERSTADT

**Gästeinformation Duderstadt [N51° 30′ 44.10″ E10° 15′ 40.20″]**, Marktplatz 66, Historisches Rathaus, Tel. +49 (0)5527 841 200; https://tourismus.duderstadt.de/tourist-information/.

## WOHNMOBIL-STELLPLATZ – DUDERSTADT

**Wohnmobil-Stellplatz Adenauerring Duderstadt [N51° 30′ 35.91″ E10° 16′ 18.64″]**, Adenauerring. **Lage/Zufahrt:** Östlich der Innenstadt, gegenüber den Sportanlagen. **Geöffnet:** Ganzjährig. **Gebühr:** Stellplatz gebührenfrei. Frischwasser, Strom, Abwasserentsorgung gegen Gebühr. Wertmarken verkaufen Geschäfte in der Stadt. **Ausstattung:** Großer, ebener, gepflasterter Parkplatz (auch für Caravans) für Pkw, Wohnmobile (ca. 20) und Busse. Durch Büsche und Bäume unterteilt und aufgelockert. Frischwasser, Strom, V & E Station. Innenstadt in Gehnähe. Bushaltestelle vor dem Parkplatz.

ren Bürgen boten *(geöffnet Di - So 10 - 12 Uhr, 14 - 16 Uhr)*.

### Grenzmuseum Eichsfeld

Nicht weit südlich von Duderstadt liegt an der B247 etwa auf halbem Wege zwischen den Gemeinden Gerblingerode und Teistungen beim ehemaligen Grenzübergang Duderstadt-Worbis das **Grenzlandmuseum Eichsfeld [Parkplatz, N51°28′59.57″ E10°15′44.88″]**. Im Museum ist die Geschichte der innerdeutschen Grenze dargestellt: Vom Auf- und Ausbau der Grenzanlagen, über die Auswirkung auf die Region Eichsfeld bis hin zu Einzelschicksalen im Grenzgebiet.

Bei der „Aktion Ungeziefer" waren insgesamt 336 Personen im Kreis Eichsfeld von der Umsiedlung betroffen. Bei der zweiten Säuberung, der „Aktion Festigung" 1961, waren es noch einmal 152 Personen.

Als die Grenzanlagen am 1. Oktober 1961 stärker befestigt wurden, entschlossen sich in Böseckendorf insgesamt 55 Menschen zur Flucht! Am 2. Oktober floh das halbe Dorf über die Grenze. Im Außenbereich des Museums führt der 6 km lange **Grenzlandweg** durch die im Original erhaltenen Grenzanlagen.

Vor der Weiterfahrt gönnen wir uns im Grenzlandgrill „10 Grad

*Grenzlandmuseum Eichsfeld*

Ost" zur Stärkung noch eine Currywurst.

***ROUTE:*** *Vom Grenzmuseum Eichsfeld geht es auf dem kürzesten Weg durch Thüringen bis in die Nähe von* ***Bad Sooden-Allendorf*** *zur* ***Camping Oase Wahlhausen****.*

## CAMPING – WAHLHAUSEN BEI BAD SOODEN-ALLENDORF

**Camping Oase Wahlhausen [N51° 17' 18.42" E9° 58' 37.32"]**, Tel. +49 (0)36087 98 671; www.camping-oase.de; Jan. – Dez. Am Südrand von Wahlhausen und nördlich von Bad Sooden-Allendorf gelegen. Von der Kreisstraße zum Werraufer hin geneigtes Wiesengelände mit Laubbaumbestand. Auf einigen Stellplätzen laut wegen Vekehrslärm. Ca. 2 ha – 100 Stpl. + Dau. Standard-Sanitärausstattung, Waschmaschine, Trockner. Restaurant.

## BAD SOODEN-ALLENDORF – WEISSE BERGE – POINT ALPHA

**Die fünfte Etappe** der Wohnmobiltour entlang des **„Grünen Bandes"** folgt ein Stück der Grenze zwischen **Hessen** und **Thüringen**.

Von unserer Basis auf der Camping Oase in Wahlhausen bei Bad Sooden-Allendorf geht es zu Fuß zum **Grenzmuseum Schifflersgrund** und zu einer Stadtbesichtigung nach **Allendorf**.

Nach zwei Tagen fahren wir weiter über **Eschwege** bis zu einem Übernachtungsplatz in **Heldra** an der Werra. Eine Rundtour bei Heldra geht zur **Burg Normannstein** und in das schöne Städtchen **Wanfried**.

Die letzte Strecke führt durch das **Land der weißen Berge** bis zur **Gedenkstätte Point Alpha**.

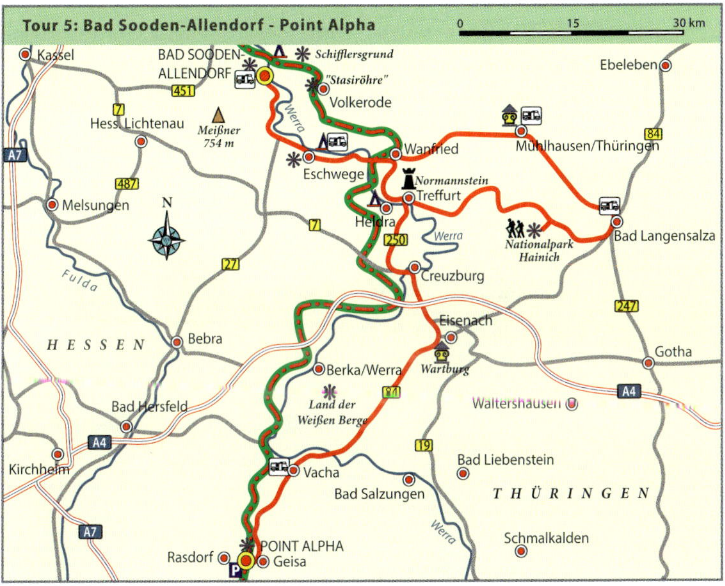


### Grenzmuseum Schifflersgrund

Die erste Nacht auf der Camping Oase Wahlhausen war wahrlich nicht oasenhaft, sondern sehr laut. Die vielbefahrene Kreisstraße führt direkt am Campingplatz vorbei und die Plätze für Kurzzeitcamper sind nur durch eine Hecke von der Straße getrennt. Nach einer Beschwerde können wir 3 Reihen in Richtung Werra vorrücken. Der Straßenlärm ist hier nicht mehr ganz so extrem zu hören, vielleicht liegt es aber auch nur am reduzierten Wochenendverkehr.

Der Campingplatz liegt 500 Meter von der Grenze Thüringen/Hessen und dem Kolonnenweg entfernt. Wir laufen südostwärts die Grenze entlang bis zum **Grenzmuseum Schifflersgrund [Parkplatz, N51° 17′ 3.68″ E9° 59′ 44.15″]**.

Der Weg geht steil nach oben. Vorbei an der Nachbildung eines ehemaligen DDR-Beobachtungsturmes und dem Kunstwerk „1000 Steine" erreicht man nach 2 km den Eingang zum Grenzmuseum.

Der Parkplatz vor dem Grenzmuseum wird auch als **Wohnmobilstellplatz** (auch für Caravans) genutzt.

Schon unterwegs auf dem Spaziergang über den Kolonnenweg zum Grenzmuseum Schifflersgrund sind der Beobachtungsbunker, Kontrollstreifen und der Grenzzaun zum Westen zu sehen. Man kommt auch direkt an der Stelle vorbei, an der Heinz-Josef Große im Jahr 1982 flüchten wollte: Bei Grenzarbeiten, die er schon seit vielen Jahren ausführte, fuhr er eines Tages seinen Frontlader an den Grenzzaun und sprang von der Schaufel über den

*Auf dem Kolonnenweg zum Schifflersgrund*

*Heinz-Josef Großes „Fluchtfahrzeug" im Grenzmuseum Schifflersgrund*

Zaun. Um in den Westen zu kommen, musste er noch die steile Böschung bis zur Bundesstraße hinaufklettern. Wenige Meter vor Erreichen der BRD Grenze wurde er von Grenzsoldaten erschossen. Westdeutsche Grenzer beobachteten die Flucht, durften aber nicht die Landesgrenze übertreten, sie mussten folglich ansehen wie Große verblutete. Der zur Flucht benutzte Frontlader ist im Museum ausgestellt.

Das Grenzmuseum Schifflersgrund wurde 1991 eröffnet und ist damit eines der ältesten Grenzmuseen. Zu sehen sind militärisches Gerät der Grenztruppen, Darstellung von Fluchtschicksalen und die Grenzsicherungsanlagen.

Rund um das Museum stehen Werke mehrerer Künstler, die sich mit der Teilung Deutschlands, Flucht und Toten an der Grenze auseinandersetzen.

Von Wahlhausen in Thüringen sind es ca. 2,5 km bis nach **Bad Sooden-Allendorf** in Hessen.

Wir gehen zu Fuss nach Allendorf um ein paar Besorgungen und einen Stadtrundgang zu machen.

Über 1000 Jahre wurden in den Siedehäusern Salz gesiedet. Die Salzgewinnung und der Salzhandel hat vielen Bürgern Reichtum und Wohlstand gebracht. Das ist heute noch an den prächtigen Fachwerkhäusern in Allendorf zu sehen.

*Bad Sooden-Allendorf*

*Wir wünschen „Guten Hunger" - Essen im „Pelikan" in Allendorf*

Heute ist der Stadtteil Allendorf der idyllischere Teil, in dem in der Altstadt ein vollständiges Ensemble von **Fachwerkhäusern** steht.

Im nördlichen und östlich Teil ist noch die fast komplette **Stadtmauer** erhalten.

Der Stadtteil Bad Sooden ist geprägt von Kurkliniken und den Kurparks. Dort stehen auch das Gradierwerk und die Therme.

Zwischen den beiden Stadtteilen, auf einer Werrainsel, liegt der **Wohnmobilstellplatz** der Stadt, auf dem ca. 100 Mobile Platz haben.

Am Abend kommen wir nochmals zurück, um auf dem sehr schönen Marktplatz im **Restaurant Pelikan** *(Mein Tipp!)* zu essen.

Im Jahr 1926 wurden Allendorf und Sooden zwangsweise vereinigt.

Sooden war bis dahin die Stadt der Salzgewinnung, in der die Arbeiter wohnten. In Allendorf, auf der anderen Seite der Werra, ließen sich die reichen Besitzer der Siedepfannen nieder.

Wir setzen die **Tour entlang des Grünen Bandes** fort, auf der thüringischen Seite immer entlang der Grenze. Über kleine Sträßchen, durch hübsche Dörfer und schöne Landschaften.

### PRAKTISCHE HINWEISE – BAD SOODEN-ALLENDORF

**Touristeninformation Bad Sooden-Allendorf [N51° 16' 6.66" E9° 57' 54.12"]**, Landgraf-Philipp-Platz 1-2, 37242 Bad Sooden-Allendorf, Tel. +49 (0)5652 95 87-0; https://www.bad-sooden-allendorf.de. An der Nordostseite des Kurparks in Bad Sooden ge-

legen. *Geöffnet Apr. - Okt. Mo - Fr 9 -17 Uhr, Sa 9 - 12 Uhr; übrige Zeit samstags geschlossen.*
Auf der Webseite von Bad Sooden-Allendorf ist außerdem zu lesen: „Außerhalb dieser Öffnungszeiten finden Sie allgemeines Informationsmaterial in der Pfennigstube/Leseraum im Kurpark und in der WerratalTherme am Gradierwerk."

## WOHNMOBIL-STELLPLATZ

**Wohnmobil-Stellplatz Franzrasen Bad Sooden-Allendorf [N51° 16' 16.35" E9° 58' 20.23"]**, Franzrasen. **Lage/Zufahrt:** Auf einer von Armen der Werra umgebenen Insel. Zwischen den Stadtteilen Bad Sooden und Allendorf. **Geöffnet**: Ganzjährig. Am 3. Wochenende im August ist der Platz wegen Erntedank- und Heimatfest geschlossen. Dann großer Ausweichplatz in der Nähe. **Gebühr:** Gebührenpflichtig. Automat an der Platzeinfahrt. **Ausstattung:** Ebener Wohnmobilparkplatz (ca. 100 Wohnmobile) mit Baumbestand am Rande. Teils befestigte Wiesenstreifen, teils asphaltiert. Keine Caravans! Frischwasser, Strom, Grauwasser- und Chemikaltoilettenausguss. Duschen, bis Fertigstellung der platzeigenen Duschanlage können die Duschen in der Therme gegen Gebühr genutzt werden. WLAN. Stadtzentren, Werratal-Therme und Gradierwerke in Gehnähe.

In **Volkerode** folgen wir spontan dem braunen Schild: **Aussichtspunkt Gobert**. Fahren die Straße durchs Dorf bis auf einen **Parkplatz [N51° 15' 33.38" E10° 4' 9.53"]** am Ende der Straße am Westende des Dorfes. Von dort laufen wir auf dem sehr steilen Kolonnenweg bis hinauf zur Grenze.

Oben auf dem Höhenrücken ist noch der breite Grenzstreifen zu sehen. Den gehen wir entlang und können an einigen Aussichtspunkten weit nach Hessen (Meißner - Kaufunger Wald) hinein schauen.

An ein paar Stellen wurden hier oben **Agentenschleusen [N51° 15' 33.20" E10° 3' 3.67"]**, sog. „Stasiröhren", entdeckt. Das sind schmale Röhren, die unter dem Grenzstreifen hindurchführen und irgendwo im Wald wieder

*„Stasiröhre" unter der ehem. innerdeutschen Grenze bei Volkerode*

zum Vorschein kommen. Durch diese Röhren sollen Stasi Agenten in den Westen eingeschleust worden sein.

*ROUTE: In **Kella** fahren wir wieder über die Grenze nach Hessen und legen in **Eschwege** einen kurzen Stopp ein.*

Die 1000 Jahre alte Stadt **Eschwege** liegt an der Werra und am Werratalsee.

Wir sind schon etwas schlapp und gehen daher nur ziellos durch diese schöne Stadt mit angeblich **1000 Fachwerkhäusern**. Mit einem Eis sitzen wir ermattet auf dem **Marktplatz** und hören dem Glockenspiel am alten Rathaus zu.

Jetzt wird es so langsam Zeit, den nächsten Übernachtungsplatz anzusteuern und auf einem Campingstuhl in der Sonne zu entspannen.

### PRAKTISCHE HINWEISE – ESCHWEGE

**Touristeninformation Eschwege [N51° 11' 7.91" E10° 3' 21.75"]**, Hospitalplatz 16, Ecke Breite Straße, 37269 Eschwege, Tel. +49 (0)5651 807-111; https://www.werratal-tourismus.de/de/. *Geöffnet Mai - Sept. Mo - Fr 9 - 18 Uhr, Sa 10 - 13 Uhr; Okt. - Apr. Mo - Fr 9 - 16:30 Uhr.*

### WOHNMOBIL-STELLPLATZ

**Wohnmobil-Stellplatz Eschwege Werratalsee [N51° 11′ 29.86″ E10° 4′ 6.95″]**. Siehe Knaus Campingpark Eschwege (s. u.).

### CAMPING

**Camping Knaus Campingpark Eschwege [N51° 11′ 29.74″ E10° 4′ 6.98″]**, Am Werratalsee 2, Tel. +49 (0)5651 338 883; www.knauscamp.de. Anf. März – Anf. Nov., Mittagspause 13 - 15 Uhr; nordöstlich der Innenstadt zwischen Werra und dem Südufer des Werratalsees. Komfortcampingplatz, ausgedehntes, ebenes Wiesengelände mit Baumbestand am Südrand des Freizeit- und Wassersportbereichs am Werratalsee, befestigte Stellplätze. Ca. 10 ha – 200 Stpl. + zahlr. Dau. Komfort-Sanitärausstattung: Waschmaschine, Trockner. WLAN. Imbiss. Restaurant. V & E für Wohnmobile. Fahrradverleih. Spezielle Bereiche vor der Schranke für ca. 50 Wohnmobile. Bademöglichkeit im angrenzenden Werratalsee.

*ROUTE: Von Eschwege fahren wir noch ein Stück die Werra entlang, durch **Wanfried** hindurch (siehe auch Abstecher Mühlhausen/Thüringen und zum Baumwipfelpfad im Nationalpark Hainich, siehe weiter hinten) und wir kommen nach **Heldra** auf den **Gemeindecampingplatz**.*

Der Gemeindecampingplatz *(Mein Tipp!)* in **Heldra** ist eine riesige Wiese. An einem Ende haben die Dorfbewohner ein kleines Sanitärgebäude und Stromkästen errichtet. Gegen Kaution und Gebühr bekommt man den Schlüssel zu den Duschen und WCs. Ohne Anspruch auf die Infrastruktur stellen wir uns für 5€ auf die Wie-

### CAMPING – HELDRA

**Camping Heldra [N51° 7′ 33.41″ E10° 11′ 45.10″]**, Platz der Gemeinde. Einfachcamping bzw. Wohnmobilstellplatz, auch als Biwakplatz Heldra bezeichnet, am südlichen Ortsrand an der Werrastraße. Naturbelassene Wiese direkt an der Werra, mit Baumreihen am Platzrand. Sanitäranlagen gegen Gebühr. Siehe auch Platzbeschreibung des Autors, oben.

*Sehenswert, die Fachwerkarchitektur in Eschwege*

se, direkt an die Werra. Den großen Platz teilen wir uns mit 3 anderen Wohnmobilen und einem Zelt.

Bei einem Spaziergang durchs Dorf entdecken wir die einladende **Herberge im Kleegarten** *(Mein Tipp!)*. Wir kehren ein, um etwas trinken. Zufällig setzen wir uns im Garten an den Tisch, auf dem die Schiefertafel mit der Speisekarte liegt. Sehr vielversprechend! Am besten also mit dem Getränk auch noch eines der tollen Gerichte probieren! Im Garten ist es schon schattig, deswegen wechseln wir schnell an einen Tisch vor dem Haus und sitzen bei guten Getränken, super leckerem Essen noch lange in der Abendsonne.

### ABSEITS DER ROUTE

**Abstecher nach Mühlhausen/Thüringen und zum Baumwipfelpfad im Nationalpark Hainich.**

*ROUTE: Von **Heldra** nach **Wanfried** und von dort auf der B249 ostwärts nach **Mühlhausen/Thüringen**.*

**Mühlhausen/Thüringen** – Mühlhausen an der Unstrut ist eine geschichtlich bedeutende Siedlung. Eine trutzige, teilweise begehbare Stadtmauer mit zahl-

*Mühlhausen/Thüringen*

reichen Wehrtürmen und Rondellen umschließen die Altstadt. Einer davon, der Rabenturm, lässt sich besteigen und ermöglicht eine Aussicht auf die turmbewehrte Stadt.

Im Mittelalter gaben die 59 Türme der Stadtmauer und Kirchen dem Ort den Namen „Mulhusia turrita" (turmreiches Mühlhausen). Die Herstellung von Tuchwaren und deren Vertrieb in ganz Europa bis nach Russland brachten den Wohlstand nach Mühlhausen und machte das Städtchen nach Erfurt zu einer der wichtigsten Städte der Region.

Die Türme der 11 riesigen, beindruckenden Kirchen in der Altstadt zeigen noch heute die Bedeutung der freien Reichs- und Hansestadt. Von der über 1000-jährigen Geschichte zeugen auch die vielen Fachwerk- und Bürgerhäuser innerhalb der Stadtmauer.

Besonders die Größe der **Marienkirche** und der **Pfarrkirche Divi Blasii** beeindrucken. Der Thüringer Johann-Sebastian Bach (1685 1750), das große Musikgenie der Barockzeit, war in der Pfarrkirche als Organist tätig und in der Marienkirche predigte der Reformator Thomas Müntzer (1489 - 1525).

Für geschichtlich Interessierte ist die Stadt ein lohnenswertes Ziel.

Ganz am Südrand der Altstadt und ganz in der Nähe der Kirche Divi Blasii liegt am Kristanplatz das **Kunsthistorische Museum [N51° 12′ 23.37″ E10° 27′ 27.14″].**

Einen Besuch lohnt auch das **Bauernkriegsmuseum Kornmarkt [N51° 12′ 29.67″ E10° 27′ 24.93″]** am Kornmarkt mitten in der Altstadt und ganz in der Nähe des **Historischen Rathauses** und des Büros der **Touristeninformation**.

Leider ist die zentrale Fußgängerzone ziemlich öde, obwohl es in ihr viele schöne Fachwerkhäuser gibt.

Belebt in der Stadt sind hauptsächlich der Kornmarkt mit dem schönen „Brauhaus zum Löwen" und der Johann-Sebastian-Bach-Platz mit dem Restaurant „Zum Küsterhaus". Wir gehen in den Löwen, dort kann man gemütlich im Schatten unter Bäumen sitzen. Leider ist es bald mit der Ruhe zu Ende, da eine große Reisegruppe aus der Wärme im Lokal flieht, sich lautstark im Außenbereich niederlässt und stückweise alle noch freien Stühle und Tische

**PRAKTISCHE HINWEISE – MÜHLHAUSEN/THÜRINGEN**

**Touristeninformation Mühlhausen/Thüringen [N51° 12′ 32.06″ E10° 27′ 22.98″]**, Ratsstraße 20, 99974 Mühlhausen, Tel. +49 (0)3601 40477-0; https://www.muehlhausen.de/de/kultur-tourismus/tourist-information/. *Geöffnet Mo - Fr 10 -15 Uhr.*

### WOHNMOBIL-STELLPLÄTZE

**Mühlhausen/Thüringen**
**Wohnmobil-Stellplatz Am Engelsgarten, Mühlhausen/Thüringen [N51° 12' 38.53" E10° 27' 49.46"]**, Hinter der Mauer, Kreuzgraben. **Lage/Zufahrt:** Am Nordostrand der Altstadt. Neben Pkw-Parkplatz Hanfsack. **Geöffnet:** Ganzjährig. 24 Std. zugänglich. **Gebühr:** Gebührenpflichtig, Parkscheinautomat. **Ausstattung:** Befestigter Parkplatz an der Stadtmauer, mit neun gepflasterten, markierten Stellplätzen. Stromanschluss, V & E Station. Innen- und Altstadt in Gehnähe.

**Bad Langensalza**
**Wohnmobil-Stellplatz Frederiken Therme Bad Langensalza [N51° 6' 59.96" E10° 38' 39.59"]**, Breitscheidstraße, Ecke Parkstraße. **Lage/Zufahrt:** Im nördlichen Ortsbereich beim Hauptfriedhof. **Geöffnet:** Ganzjährig. **Gebühr:** Gebührenpflichtig. **Ausstattung:** Ebener, befestigter Parkplatz mit einzelnen Laubbäumen. Einkaufszentrum (Edeka, Aldi) in Gehnähe.

beansprucht. Um dem Tumult zu entfliehen, gehen wir so bald als möglich zurück zum Iwan und setzten uns mit einem Glas Wein an das Bachufer.

*ROUTE: Von Mühlhausen/Thüringen fahren wir noch ein Stück weiter nach Südosten bis **Bad Langensalza** und wenden uns dort westwärts in den **Nationalpark Hainich** (rund 10 km).*

Der **Nationalpark Hainich** ist ein Urwald mitten in Deutschland. In der früheren militärischen Sperrzone konnten sich zu DDR-Zeiten die Wälder ungehindert entwickeln. Mit über 5.000 ha nutzungsfreie Laubwaldfläche ist der Nationalpark das größte sich selbst überlassene, zusammenhängende Laubwaldgebiet Deutschlands. Seit 2011 zählt der Nationalpark Hainich zum UNESCO Weltnaturerbe „Buchenurwälder und Alte Buchenwälder der Karpaten und anderen Regionen Europas". Ohne Waldbewirtschaftung würden die meisten Wälder in Deutschland wie hier aussehen.

Ein lichter Laubwald, in dem neben den dominierenden Rotbuchen noch einige Eschen, Ahorn, Linden oder auch Elsbeeren vorkommen.

Im Nationalpark haben sich rund 40 Wildkatzen angesiedelt, auch seltene Orchideen und geschützte Spechtarten können beobachtet werden. Ein Baumkronenpfad führt durch die verschiedenen Ebenen im Blätterwald, jede mit einer anderen Lebensgemeinschaft von Insekten, Vögeln, Käfern und Schmetterlingen.

*Der Baumwipfelpfad im Nationalpark Hainich*

Der **Baumwipfelpfad [Parkplatz Thiemsburg, N51° 4' 53.45" E10° 31' 3.63"]** (oder Baumkronenpfad). Vom Parkplatz am **Nationalparkzentrum Thiemsburg** *(geöffnet Apr. - Okt. tgl. 10 - 19 Uhr; Nov. - März tgl. 10 - 16 Uhr; letzter Einlass 1 Std. vor Schließung; Aufzug auf den Aussichtsturm, keine Hunde; https://www.baumkronen-pfad.de/de/)* führt ein kurzer Spazierweg durch den Laubwald zum Baumwipfelpfad (Baumkronenpfad).

Im Nationalpark Hainich schlängelt sich der im Sommer 2005 eröffnete Baumkronenpfad (einer der längsten in Deutschland) über ca. 600 m von einer Höhe von 10 Metern bis über die Baumkronen. Der Aussichtsturm hat eine Höhe von 44 Metern, von seiner Aussichtsplattform blickt man hinunter auf den gesamten Laubwald.

Die Laufstege des Baumwipfelpfades verbinden mehrere große Plattformen, auf denen sich Informationtafeln zu Wald und Tieren befinden.

## HAUPTROUTE

### Rund um Wanfried

Nach einer ruhigen Nacht auf dem schönen Campingplatz in Heldra haben wir keine Lust heute weiter zu fahren und beschließen noch einen Tag länger zu bleiben.

Ein paar interessante Ziele in der Umgebung gibt es auf alle Fäl-

*Aussicht von der Burg Normannstein auf den Ort Treffurt*

le anzuschauen. Wir starten zu einer Rundtour und fahren als erstes zur Burg Normannstein bei Treffurt/Thüringen.

Die **Burg Normannstein [N51° 8' 26.81" E10° 14' 16.21"]** ist eine komplett erhaltene mittelalterliche Burg. Auf einem Felssporn, hoch über der Stadt **Treffurt** gelegen, sind die 3 imposanten Türme schon von Weitem zu sehen. Von oben hat man einen tollen Blick über das Werratal.

Die Straße bergauf ist einspurig, mit wenigen Ausweichmöglichkeiten.

Innerhalb der Burg gibt es ein Restaurant mit einem großen Parkplatz, auf dem man bei einem Besuch sicher auch übernachten kann.

Touristische Informationen über Treffurt bekommt man in der **Touristeninformation [N51° 8' 13.39" E10° 14' 11.64"]**, Puschinstr. 3, 9983 Treffurt, Tel. +49 (0)36923 515-42; https://treffurt.de/touristinfo.html.

Im Grenzmuseum Schifflersgrund in der Nähe von Bad Sooden-Allendorf hatten wir etwas über einen einmaligen Vorgang im Jahr 1945 zwischen der USA und der Sowjetunion gelesen.

Eine für den Nachschub der USA Armee wichtige Bahnlinie verlief auf 4 km durch die Sowjetzone. Zeitweise blockierten die sowjetischen Truppen die Strecke, was zu ständigen Streitereien führte.

Am 17. September 1945 vereinbarten die Militärs beider Staaten einen Gebietsaustausch. Ganze Gemeinden mitsamt den Bewohnern wechselten über Nacht die Besatzungzone, einige zu den Westmächten und andere in die Sowjetzone. Die Bahnlinie hieß seitdem die "Whisky-Wodka-Linie", da nach der Vertragsunterzeichnung je eine Flasche mit Alkoholika den Besitzer wechselte. Dieser **Wanfrieder Vertrag** wurde im Gut Kalkhof etwas außerhalb von Wanfried geschlossen.

Wir begeben uns noch auf die Suche nach dem **Gut Kalkhof** und werden tatsächlich fündig.

Wenige Kilometer weiter liegt das schöne Städtchen **Wanfried** an der Werra. Mit dem historische Hafen, die Schlagd, war Wanfried von 1182 bis 1850 ein wichtiger Umschlagplatz für den Weser-Werra Schiffsverkehr. Heute kann man in der Schlagd direkt an der Werra einkehren.

Wanfried ist ein schönes Fachwerkstädtchen, das sich lohnt anzuschauen und sich zum Abschluss an die Werra in den Biergarten zu setzen, z. B. in der Hafengaststätte „Zur Schlagd".

### Durch das Land der weißen Berge

Heute geht es weiter die Grenze entlang.

Am südlichen Ortsausgang von **Creuzburg** sehen wir eine inter-

*Rathauszugang in Wanfried*

essante **Brücke [N51° 2' 59.23" E10° 15' 2.96"]** mit einer Kapelle an einem Ende. Für einen kurzen Fotostopp fahren wir auf den Parkplatz an der Brücke.

Für die restliche Tagesetappe gibt die Werra die grobe Richtung vor.

Bei **Berka/Werra** erscheinen plötzlich hohe, weiße und kahle Berge am Horizont. Wir sind mitten im **Land der weißen Berge**, einem riesigen Kaliabbaugebiet.

Viele Tonnen Salz, die nicht für die Düngerproduktion gebraucht werden, landen auf gewaltigen Abraumhalden von gut 200 m Höhe, die man in dem Gebiet zwischen Bad Salzungen und Vacha entdecken kann.

Der **Monte Kali**, einer der weißen Berge, kann mit einer geführten Tour bestiegen werden. Besichtigungen sind für Gruppen und Einzelbesucher vom 01. März bis 31. Oktober nur nach Voranmeldung im Werra-Kalibergbau-Museum, Dickesstraße 1, 36266 Heringen, Tel. +49 (0)6624-919413 oder +49 (0)6624-5127, Mail: info@kalimuseum.de möglich.

Ganz interessant und aufregend ist es mit einer Erlebnistour in ein Salzberkwerk einzufahren. In 800 Meter Tiefe gibt es Salzkristalle von bis zu 1 Meter Länge zu bewundern. Erlebnis Bergwerk Merkers, Zufahrtstraße, 36460 Krayenberggemeinde, Tickethot-

*Unterwegs im Land der weißen Berge. Im Hintergrund der Monte Kali.*

*Die „Brücke der Einheit", die alte Grenzbrücke in Vacha*

line +49 (0)3695 614101. *Führungen Feb. - Dez. Di - Sa 09.15 und 13.30 Uhr, sonntags geschlossen.*

In **Vacha** halten wir an dem hässlichen Stellplatz neben der Bundesstraße B62 und der Werra und erledigen an der nicht so vertrauenserweckenden Station notwendige Ver- und Entsorgungsarbeiten.

An der „Brücke der Einheit", die 40 Jahre gesperrt war und nicht betreten werden durfte, machen wir ein paar Fotos.

***ROUTE:*** *Von Vacha aus fahren wir südwärts, auf der B84 vorbei am Schwimmbad Vacha (Stellplatz) und über **Buttlar** bis*

### WOHNMOBIL-STELLPLÄTZE – VACHA

**Wohnmobil-Stellplatz Werrabrücke Vacha [N50° 49' 47.10" E10° 1' 20.84"]**, Hersfelder Straße (B62). **Lage/Zufahrt:** Am Nordrand des Ortes an der B62. Unterhalb der Johanneskirche und neben dem Museum Burg Wendelstein. **Geöffnet:** Ganzjährig. **Gebühr:** Stellplatz ohne Gebühr. **Ausstattung:** Kleine, wenig einladende Stellplatzmöglichkeit hinter dem Gewerbegelände Vachwerk, mit Platz für höchstens 3 Wohnmobile. V & E Möglichkeit. Ganz in der Nähe der historischen Werra-Grenzbrücke.

Einen zweiten Stellplatz (auch für Caravans) in Vacha findet man auf dem Parkplatz am **Schwimmbad [N50° 49′ 6.11″ E10° 0′ 47.72″]** südlich des Ortes an der Frankfurter Straße (B84, Richtung Fulda). Lt. Stadtverwaltung (https://www.vacha.de/wohnmobilstellplatz.html) gibt es auf diesem Stellplatz bislang weder Stromanschlüsse noch Frischwasserentnahmestellen.

***Geisa****. In Geisa geht es westwärts über die Rasdorfer Straße bis zur* ***Gedenkstätte Point Alpha****.*

Bei der **Gedenkstätte Point Alpha [Parkplatz Platz der Deutschen Einheit, N50° 43′ 11.42″ E9° 55′ 46.25″]** erreichen wir unser Tagesziel. Dort gibt es auf einer großen Wiese einen Parkplatz, der sich hervorragend zum Übernachten eignet. Mit einem anderen Wohnmobil müssen wir uns die riesige Fläche teilen.

Die Sonne ist fast am untergehen, alles taucht sie in ein rötliches Licht. Schnell ziehen wir die Wanderschuhe an und gehen auf dem Kolonnenweg am „Haus auf der Grenze" vorbei zum Weg der Hoffnung.

Der **„Weg der Hoffnung"** ist ein Kunstprojekt mit 14 Skulpturen, die an den Widerstand gegen die kommunistischen Diktaturen erinnern. Die Motive sind alle christlich und zeigen Jesus mit Kreuz oder Dornenkrone.

Auf dem Rückweg wird es schon dunkel und kühl. Wir verziehen uns ins Wohnmobil. Den Rest der Point Alpha Ausstellungen sehen wir uns morgen an.

*Im Skulpturenpark Deutsche Einhaeit, Eußenhausen*

## VON POINT ALPHA NACH COBURG

**Die sechste Etappe** der Wohnmobiltour entlang des **„Grünen Bandes“** führt durch die Rhön und entlang der bayrisch-thüringischen Grenze bis nach **Coburg**.

Sehenswerte Erinnerungsstätten auf dieser Strecke sind der **Skulpturenpark Deutsche Einheit** und die **Gedenkstätte Behrungen**. Besonders interessant waren für uns auch noch **Ummerstadt** und **Seßlach**.

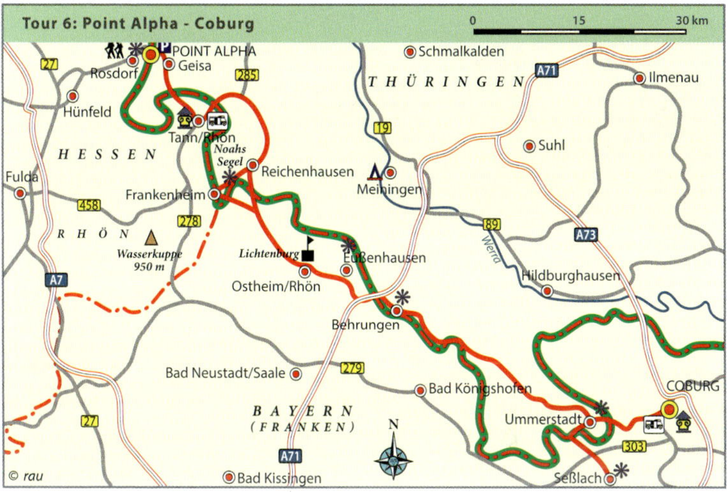

Tour 6: Point Alpha - Coburg

### Point Alpha und Haus auf der Grenze

Die Nacht verbrachten wir auf dem Parkplatz am US-Camp der **Gedenkstätte Point Alpha [Parkplatz Platz der Deutschen Einheit, N50° 43′ 11.44″ E9° 55′ 46.30″]**. So abgelegen war es sehr ruhig und morgens weckt uns herrlicher Sonnenschein.

Die Gedenkstätte liegt am **„Fulda-Gap“**, einer ehemaligen NATO Verteidigungslinie. Wegen der günstigen Lage auf einem Bergrücken errichtete hier die US-Armee einen Beobachtungsstützpunkt. Von einem Turm wurden die Aktivitäten in der Grenzregion registriert und die Funksprüche der gegnerischen Seite abgehört.

Die Gedenkstätte besteht aus dem amerikanischen Stützpunkt, rekonstruierten Grenzsicherungsanlagen, dem Museum im „Haus

*Ausstellung am Point Alpha*

auf der Grenze" und dem „Weg der Hoffnung".

Wir besichtigen das **US-Camp**, gleich neben unserem Übernachtungsplatz. Auf dem Gelände steht allerlei militärisches Gerät. Die Ausstellungen in den Baracken vermitteln einen Einblick in das tägliche Leben der Soldaten und über das Zusammenleben der Soldaten mit der deutschen Bevölkerung.

Vom Parkplatz an der Gedenkstätte laufen wir über den **Kolonnenweg** an den Grenzanlagen vorbei zum **„Haus auf der Grenze"**. Auf dem Weg informieren Tafeln ausführlich über diese Grenzvorrichtungen und die Entwicklung der Grünen Bandes.

Die Ausstellung im Museum „Haus auf der Grenze" informiert über die Staatsgrenze der DDR, deren Entwicklung und Ausbau. Auch über die Auswirkung auf das Leben in der Grenzregion erfährt man viel: Über Zwangsaussiedlungen, geschleifte Ortschaften und Häuser oder Orte im Sperrgebiet.

Ein Zitat vom damaligen DDR-Staats- und Parteichef Walter Ulbricht lautete (zu sehen am Museum „Haus auf der Grenze"): „Niemand hat die Absicht, eine Mauer zu errichten."

Oder: „Wer unsere Grenze nicht respektiert, der bekommt die Kugel zu spüren". Dieses Zitat, ebenfalls an der Außenwand des „Hauses auf der Grenze" zu lesen, stammt aus dem Jahre 1966 von Heinz Hoffmann, seines Zeichens damaliger Verteidigungsminister der DDR.

**ROUTE:** *Es ist schon Nachmittag als wir von Point Alpha weiterfahren. Zuerst von* ***Geisa*** *nahe am Grenzverlauf bis nach* ***Tann (Rhön)****. Dort machen wir Mittagspause auf dem Wohnmobilstellplatz.*

Zu den Sehenswürdigkeiten in **Tann** zählen das **Schloss Tann [N50° 38‘ 31.56“ E10° 1‘ 7.18“]**, das **Rhöner Museumsdorf Tann** mitten im Ort und das **Rhöner Naturmuseum** am Marktplatz. Das Schloss Tann ist in Privatbesitz und kann nur von außen besichtigt werden, es sei denn man nimmt an einer gebührenpflichtigen Führung teil *(Apr. - Okt. Di 10.30 Uhr)*.

Touristische Informationen hält die **Stadtverwaltung Tann (Rhön)** bereit, Marktplatz 9, 36142 Tann (Rhön), Tel. +49 (0)6682 96110; http://www.tann-rhoen.de/.

Später kommen wir weiter im Süden in die Rhön. Zwischen Frankenheim und Reichenhausen, mitten im **Biosphärenreservat Rhön,** steht die sehenswerte **Aussichtsplattform „Noahs Segel“ [N50° 34‘ 22.15“ E10° 4‘ 54.95“].** Über Treppen geht es hinauf zum

*Kunstobjekte am „Weg der Hoffung“, Point Alpha*

*Aus dem Kolonnenweg wurde der „Weg der Hoffnung" mit Kunstobjekten*

### WOHNMOBIL-STELLPLATZ – TANN (RHÖN)

**Wohnmobil-Stellplatz Am Festplatz Tann [N50° 38′ 28.35″ E10° 1′ 7.72″],** Am Unsbach. **Lage/Zufahrt:** Am Westrand des Ortes am Flüsschen Ulster, ostwärts Blick zum Schloss Tann. **Geöffnet:** Ganzjährig. **Gebühr:** Gebührenpflichtig. **Ausstattung:** Einfacher, ebener von Bäumen umgebener Stellplatz auf und neben dem Festplatz. Während Festen nur beschränkte Stellplatzmöglichkeit. Wiesenplatz mit geschotterten Stellen. Im Sommer funktionsfähige V & E Station. Frischwasser und Strom gegen Gebühr. Rad- und Wanderwege führen am Platz vorbei. Ortsmitte, Schloss und Museen in Gehnähe. Maximaler Aufenthalt 3 Tage/Nächte.

herrlichen Panoramablick über das Gelände. Kinder (aber nicht nur!) können über eine Rutsche wieder nach unten gelangen.

*ROUTE: Wir folgen jetzt der bayrisch-thüringischen Grenze.*

Zwischen **Außenhausen** und **Meiningen** lag ein innerdeutscher Grenzübergang.

Heute gibt es dort das verlotterte **Grenzmuseum Außenhausen [Parkplatz, N50° 29′ 0.06″ E10° 20′ 7.24″]**. Vor 30 Jahren wohl mit viel Enthusiasmus begonnen, bleibt

*Der Aussichtsturm „Noahs Segel“ im Biosphärenreservat Rhön*

### CAMPING/WOHNMOBILSTELLPLATZ – MEININGEN

**Camping Rohrer Stirn [N50°34'10.27" E10°26'11.64"]**, Rohrer Stirn; Tel. +49 (0)3693 484 421;https://www.stadtwerke-meiningen.de/freizeitbaeder/camping. 1. Apr. – 31. Okt. Am Ostrand der Stadt beim Frei- und Hallenbad. Kleiner, komfortabler Campingplatz der Stadtgemeinde. Wiesengelände, durch Hecken parzelliert. Ca. 1 ha – 50 Sptl. Komfortable Sanitärausstattung, Waschmaschine, Trockner. WLAN. V & E für Wohnmobile. Bushaltestelle nahe des Campingplatzes. Spezielle Angebote für Wohnmobile.

Neben dem Campingplatz findet man einen gebührenpflichtigen, ganzjährig zugänglichen **Wohnmobilstellplatz**. Gegen Gebühr können die sanitären Einrichtungen auf dem Campingplatz genutzt werden. Nähere Infos auf dem Campingplatz.

die Anlage heute sich selbst überlassen. Den sehr großen Parkplatz hat sich teilweise die Natur schon zurückgeholt, der Grenzturm ist nur noch eine Ruine. Im ehemaligen Todesstreifen hat der Aktionkünstler Jimmy Fell den **Skulpturenpark Deutsche Einheit** angelegt. Er hat die Wiedervereinigung und Situationen vor dem Mauer-

*Im Skulpturenpark Deutsche Einheit beim Grenzmuseum Eußenhausen*

fall zum Thema. Teilweise sind bei Google Bewertungen von "zugemüllt, verdreckt, heruntergekommen" zu lesen. Das haben wir so nicht empfunden! Es hat Spaß gemacht die Skulpturen anzusehen und die Erläuterungen zu lesen.

Auf dem **Stellplatz an der Ruine Lichtenburg [N50° 28' 35.3" E10° 13' 46.1"]** ist unser Übernachtungsplatz. In der Nähe des Burgeinganges ist für Wohnmobile eine kostenlose Möglichkeit zum Übernachten (ohne Infrastruktur) reserviert. Wieder müssen wir die großzügige Fläche mit nur einem anderen Wohnmobil teilen. Sobald Iwan auf seinem Platz steht, gehen wir schnurstracks in die Burgschänke zum Abendessen.

Die Burganlage mit beeindruckenden Mauern, dem großen Burgfried mit Aussicht über Ostheim, einem Biergarten im Innenhof umgeben von imposanten Mauerresten ist ein beliebtes Ausflugsziel.

### Fahrt auf dem Kolonnenweg

Nach einem Rundgang durch die Gemäuer der Burgruine Lichtenburg verlassen wir den ruhigen Stellplatz und fahren über die nahe Grenze zur **Mahn- und Gedenkstätte Behrungen [N50° 24' 13.69" E10° 26' 15.21"]**. Auch als Deutsch-Deutsches Freilandmuseum bekannt, steht es als Kulturdenkmal-Ensemble und als archäologisches Bodendenkmal unter besonderem Schutz.

Die Gedenkstätte besteht aus mehreren Grenzrelikten in den Gebieten Behrungen, Berkach, Schweikershausen und Gompertshausen.

Seinen Ursprung hat das Freilandmuseum im Jahr 1999, als die Familie Erhard zufällig den vom Verfall heimgesuchten Grenzturm und die

*Burgruine Lichtenburg*

Fahrt auf dem Kolonnenweg vorbei am Grenzturm im Freilandmuseum Behrungen

Grenzbefestigungen in Behrungen entdeckte. Die Familie hat das Gelände erworben und mit privaten Mitteln restauriert. Der Abriss des Führungsbunkers in Gompertshausen wurde auch dank des Einsatzes der Familie Erhard verhindert.

Im Grenzdenkmal Schweikershausen blieb ein ca. 20 Meter langes vergessenes Stück der Grenzbefestigungen stehen.

Das Areal steht heute als archäologisches Bodendenkmal des Freistaats Thüringen unter besonderem Schutz.

In Berkach steht noch ein Beobachtungsturm als Grenzdenkmal.

Auf dem Gelände südöstlich von Behrungen ist die komplette Grenzstaffelung der DDR in einem authentischen Zustand erhalten. Neben der früheren Führungsstelle 3 (Grenzturm) sind ca. 30 Meter originaler Grenzsignal- und Sperrzaun sowie das Grenzdurchlasstor Nr. 21 erhalten. Zu den Außenanlagen zählen die engmaschige innerdeutsche Grenze mit Kfz-Sperrgraben, Zaunanlage und Grenzmarkierungen sowie Erdbeobachtungsbunker.

Vor dem Grenzturm gibt es einen Parkplatz, der nur über den Kolonnenweg von der Straße aus zu erreichen ist. Jetzt endlich hat Iwan die Möglichkeit auch ein Stück über den Kolonnenweg zu holpern.

*In Ummerstadt*

Auf dem ehemaligen Schutzstreifen hat sich die Natur ihren Teil wieder erobert. Ganz herbstlich blühen viele Herbstzeitlose und einige Silberdisteln.

*ROUTE: Auf der Weiterfahrt nach **Ummerstadt** wechselt die Route mehrfach zwischen Bayern und Thüringen.*

In **Ummerstadt**, mit 490 Einwohnern die zweit kleinste Stadt Deutschlands, machen wir eine kurze Pause.

Ummerstadt war an drei Seiten von der Zonengrenze eingeschlossen und lag zusätzlich noch im 5km breiten Sperrgebiet. Von dem harten Schicksal der Bewohner ist heute nichts mehr zu spüren. Ummerstadt ist ein schmuckes Fachwerkstädtchen und unter Kennern ein touristisches Reiseziel. Einige Restaurants, Hotels und Pensionen sorgen auch im September für Besucher.

Der gesamte Stadtkern steht unter Denkmalschutz. Eine besondere Sehenswürdigkeit ist die **Wehrkirche „St. Andreas" [N50° 15' 37.49" E10° 48' 43.13"]**. Kirche und Friedhof sind durch dicke Mauern befestigt und nur durch ein stabiles Tor zu betreten.

Ummerstadt diente als Kulisse für den "Historienfilm Luther".

Auf der anderen Seite der ehemaligen Grenze, in Bayern, liegt mit **Seßlach** ein anderer Drehort des Luther Films.

In Seßlach stellen wir uns direkt an einem Stadttor auf einen **Parkplatz [N50° 11' 10.46" E10°50'26.16"]** an der Rodach an der Westseite der historischen

Altstadt. Über eine Brücke sind es nur ein paar Meter bis zur vollständig erhaltenen Stadtbefestigung. Entlang der Stadtmauer kann man Seßlach umrunden, die Wehrtürmchen und drei Stadttore bewundern.

Mit etwas Glück ist einer der Wehrtürme offen. Eine Besteigung wird mit einem sehr schönen Blick über das Umland belohnt.

In der Stadt sind 10 Beobachtungsstationen verteilt, die Blickwinkelskulpturen. Schaut man durch diese Metallröhren, wird der Blick auf besondere Kleinigkeiten gelenkt: Dachformen, Transportlöcher in Mauersteinen, Verzierungen von Holzfachwerken oder mittelalterliche Toilettenbauten.

Die **Altstadt** besticht mit zahlreichen liebevoll restaurierten Fachwerkhäusern. An den Wochenenden schließen zwei der Stadttore. Dadurch ist kaum Verkehr und man kann ungestört durch die Straßen laufen. Auf den Plätzen tummeln sich die Leute in den Restaurants.

Zum Abendessen steuern wir den "Pförtnerhof" an. Nachträglich gesehen keine so gute Wahl. Aber rund um den Maximiliansplatz gibt es noch viele andere nette Einkehrmöglichkeiten, teilweise auch mit Biergarten.

***ROUTE:*** *Von Seßlach ein kurzes Stück nordwärts bis* ***Dietersdorf.*** *Dort auf der B303 ostwärts bis* ***Creidlitz*** *an der B4, der wir nordwärts bis* ***Coburg*** *folgen.*

In **Coburg** soll vorerst der Abschluss unserer Fahrt entlang des

*Stadttor und Stadtmauer an der Altstadt von Seßlach*

*In der historischen Altstadt von Seßlach, einem der Drehorte des Luther Films*

„Grünen Bandes Deutschland" sein, bevor wir später weiter bis zum Dreiländereck fahren, dem endgültigen Ende unserer erlebnisreichen Reise entlang des „Grünen Bandes".

Auf der Suche nach einem Stellplatz in der Stadt werden wir nicht fündig. Dann vielleicht weiter oben bei der **Veste Coburg**?

Der große Parkplatz sieht vielversprechend aus. Allerdings stellt sich nachts heraus, dass es nicht ganz so ruhig ist. Jugendliche Tuningfans treffen sich hier mit ihren aufgemotzten Autos und drehen ein paar Runden!

Später stellen wir fest, dass es in Coburg doch Wohnmobilstellplätze gibt, nämlich den Platz am Freibad „Aquaria", den Platz beim Stadion und den Parkplatz bei der Festung.

Von der Veste sind es 20 Minuten Fußweg durch den Hofgarten hinunter in die Stadt. Den Streifzug durch die City unterbrechen wir mit einem Eis auf dem Marktplatz, Kaffee und Kuchen auf dem Albertsplatz und einer längeren Pause im schönen Rosengarten.

Besuchenswerte Museen sind - je nach Interessenlage - das **Schlossmuseum [N50° 15' 28.82" E10° 58' 2.24"]** im prächtigen Barockschloss Ehrenburg (16. Jh.), dem Schloss der Herzöge von Coburg mit üppig dekorierten Salons *(geöffnet Apr. -Anf.Okt. tgl. a. Mo 9-18 Uhr; Anf. Okt. - März tgl. a. Mo 10 - 16 Uhr; https://www.schloesser.bayern.de/deutsch/schloss/objekte/co_ehren.htm)*, am Schlossplatz unweit östlich des Büros der Touristeninformation. Und an der Westseite des

*Festung Veste Coburg*

ausgedehnten Parks „Hofgarten", an der Festungsstraße unterhalb der Festung, ist das **Naturkundemuseum [N50° 15' 42.40" E10° 58' 29.82"],** Park 6, zu finden, *(geöffnet tgl. 9 - 17 Uhr; http://www.naturkunde-museum-coburg.de/).*

Etwas außerhalb, südlich des Stadtteils Ahorn und südlich der B303 liegt das **Gerätemuseum des Coburger Landes [Parkplatz, N50° 13' 55.06" E10° 56' 57.94"]**, ein besuchenswertes Freilicht- und Heimatmuseum, bei der Alten Schäferei *(http://www.geraetemuseum-ahorn.de/; Restaurant „Schäferstuben").*

Morgens ist es sehr kalt im Wohnmobil. Die Heizung lässt sich auch nicht starten. Das Manual sagt, der Fehlercode bedeutet zu wenig Spannung. Tatsächlich: Die Batterie hat nur noch 10 Volt und der Kühlschrank hat sich auch ausgeschaltet! Tja, da sind dann wahrscheinlich neue Batterien fällig.

## PRAKTISCHE HINWEISE – COBURG

**Touristeninformation Coburg [N50° 15' 30.24" E10° 57' 57.28"]**, Herrngasse 4, östlich des Marktplatzes, 96450 Coburg, Tel. +49 (0)9561 89-8000. *Geöffnet Mo - Fr 9 - 17 Uhr; März - Okt. + Dez. auch Sa 10 - 14 Uhr. So + Feiertag geschlossen; https://www.coburg-tourist.de/de/service-info/coburg-info/tourismus.*

### WOHNMOBIL-STELLPLÄTZE

**Wohnmobil-Stellplatz Vesteblick [N50° 16' 11.53" E10° 58' 33.65"],** Rosenauer Strasse, Ecke Badweg. **Lage/Zufahrt:** Nordöstlich des Stadtzentrums. Beim Frei- und Hallenbad „Aquaria". **Geöffnet:** Ganzjährig. **Gebühr:** Gebührenpflichtig. **Ausstattung:** Ebener, befestigter Stellplatz für rund 20 Wohnmobile, von Bäumen umgeben, Blick zur Veste Coburg. Frischwasser, Strom und Duschen gegen Gebühr. WLAN. V & E Station.

**Wohnmobil-Stellplatz an der Veste [N50° 15' 48.00" E10° 59' 25.43"],** Brandensteinsebene. **Lage/Zufahrt:** Östlich der Veste Coburg. **Geöffnet:** Ganzjährig. **Gebühr:** Bislang nur Parkgebühr. **Ausstattung:** Ca. 9 Stellplätze am Rande eines Pkw-Parkplatzes gegenüber der Landebahn des Verkehrslandeplatzes Coburg. Keine wohnmobilspezifischen Einrichtungen. In Gehnähe zur Festung Veste Coburg mit Burgschenke und Kunstmuseum.

**Wohnmobil-Stellplatz Anger Coburg [N50° 15' 10.60" E10° 57' 50.98"]. Lage/Zufahrt:** An der Nordseite des Stadions der Benno-Benz-Sportanlage. **Geöffnet:** Ganzjährig. **Gebühr:** Bislang kostenlos. **Ausstattung:** Geteerter Parkplatz für ca. 6 Wohnmobile. Keine wohnmobilspezifischen Einrichtungen.

## VON COBURG ÜBER MITWITZ ZUM DREILÄNDERECK

**Die siebte und letzte Etappe** der Wohnmobiltour entlang des **„Grünen Bandes"**, das begleitet wird von der Landesgrenze zwischen Bayern und Thüringen, führt über Sehenswürdigkeiten wie das **Wasserschloss in Mitwitz**, das ehemalige **Schieferabbaugebiet in Lehesten** oder das **Höllental** mit dem **Hirschsprung**.

Historische Orte unterwegs sind das ehemals geteilte Dorf **Mödlareuth** und das **Dreiländereck** zwischen Bayern, Sachsen und Tschechien.

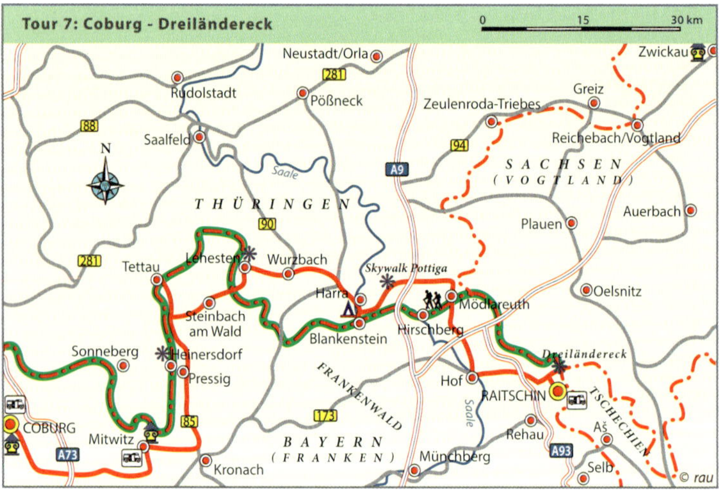

Tour 7: Coburg - Dreiländereck

*ROUTE: Von der Autobahnausfahrt Ebersdorf der A73 bis nach **Mitwitz** ist es ein Katzensprung. Wir stellen unseren Camper Iwan auf den neu eingerichteten **Stellplatz Frankenpark** in Mitwitz. Unter den noch freien Stellplätzen suchen wir uns einen großen in der Ecke aus mit genügend Raum, sich mit Tisch und Stuhl auszubreiten.*

**Mitwitz** – Das Wasserschloss ist das erste Ziel auf unserem Spaziergang durch Mitwitz.

Vorbei kommen wir zunächst am **Gebrüder-Dötschel-Brunnen [N50° 14' 53.0" E11°12'41.9"]** in der Kirchstraße. Der 17-jährige Andreas Dötschel begann am 21. April 1624 über einen Zeitraum von 60 Jahren ein Tagebuch zu führen. An dem Brunnen sind 10 aufgeblätterte Tagebuchseiten

*Das Wasserschloss in Mitwitz*

dargestellt. Sehr interessant, aber auch amüsant.

Am Oberen Schloss [N50° 14′ 49.39″ E11° 12′ 39.03″] vorbei, Sitz der Freiherrn von Cramer-Klett, kommt man dann zu dem großen, prächtigen **Unteren Schloss** oder **Wasserschloss von Mitwitz [Parkplatz, N50°14'51.45" E11°12'22.43"],** im 16. Jh. Residenz der Freiherrn von Würzburg. Erwähnt wurde das Renaissanceschloss, eines der schönsten seiner Art in Franken, aber schon Mitte des 13. Jh. *Das Wasserschloss kann auf Führungen gegen Gebühr besichtigt werden, Sa 14 Uhr, So + Feiertag 11 + 14 Uhr; im Juni, Juli + Aug. auch Di 11 Uhr und Do 14 Uhr.* Dauer der Führungen gut eine Stunde.

Von Mitwitz sind es ca. 6 Kilometer bis zur ehemaligen Grenze.

Vielleicht die letzte Gelegenheit auf unserer Tour ein Stück entlang des Kolonnenwegs zu wandern. Über einen schönen Waldweg, vorbei am Reginasee, kommen wir zu dem schon etwas verwucherten, aber umso schöner blühenden „Grünen Band".

## PRAKTISCHE HINWEISE – MITWITZ

**Touristische Auskünfte** erteilt der Fremdenverkehrsverein Mitwitz e.V., Coburger Str. 14, D-96268 Mitwitz, Tel. +49 151 51 78 01 02; www.mitwitz-tourismus.de.

*Der ehemalige Grenzstreifen bei Mitwitz*

### WOHNMOBIL-STELLPLATZ – MITWITZ

**Wohnmobil-Stellplatz Frankenpark Mitwitz [N50° 14' 54.85" E11° 13' 11.33"],** Am Riegel, 96268 Mitwitz, Tel. +49 1520 48 55 163; https://www.franken-park-mitwitz.de/. **Lage/Zufahrt:** Im Gewerbegebiet am Ostrand des Ortes. **Geöffnet:** Ganzjährig. **Gebühr:** Gebührenpflichtig. **Ausstattung:** Von einigen Bäumen umstandenes, ebenes Gelände mit 29 Stellplätzen um einen gepflasterten Platzwegring im Zentrum. Sanitäranlage (Gebühr), Dusche, WC, Waschmaschine. Stromanschlüsse (Gebühr). Frischwasserentnahme gegen Gebühr. Entsorgung für Platzgäste kostenlos, für Durchreisende gegen Gebühr. Bistro mit Terrasse. Sonn- und feiertags Brötchenservice. Einkaufsmöglichkeiten und Restaurants in Gehnähe. Keine Hunde!

*Wachturm, ehemalige innerdeutsche Grenze*

Nach der doch etwas länger geratenen Wanderung sind wir froh, in der Sonne bei einem Wein (Heike) und einem Bier (Wolfgang) aus dem Bistro des Wohnmobilstellplatzes zu entspannen.

### Schieferabbau und Höllental

*ROUTE: Von Mitwitz ostwärts über **Gehülz** zur B85 nördlich von **Kronach.** Auf der B85, nordwärts bis **Pressig.** In Pressig westwärts über **Welitsch** nach **Heinersdorf** an der Erlebnisstraße Deutsche Einheit.*

Bei **Heinersdorf** überqueren wir die ehem. Grenze zwischen Thüringen und Bayern.

Die Grenzsicherung mit Betonwänden, Gräben, Beobachtungsbunker und Bachsperre für Menschen ist an der **Gedenkstätte [Parkplatz, N50° 21′ 21.46″ E11° 16′ 40.01″]** noch zu besichtigen.

Heinersdorf, an der Grenze zwischen Bayern und Thüringen, lag in dem besonders gesicherten Bereich des 500 Meter breiten Schutzstreifens. Manche Häuser grenzten sogar unmittelbar an die Grenzanlagen. Deshalb diente ab 1982 eine Betonmauer als Sicht- und Fluchtschutz.

Heinersdorf blieb 1952 und 1961 von den Zwangsumsiedlungen der Aktionen „Ungeziefer" und „Festigung" nicht verschont. Über 130 Personen sollten das Dorf verlassen, als am 5. Juni 1952 frühmorgens die Anweisung der Behörden kam. Sie hatten ein paar Stunden Zeit ihre Habseligkeiten zu packen.

Bei vielen Bewohnern löste das schon am Morgen eine überstürzte Flucht in den Westen aus. Die Volkspolizei riegelte die Grenze mit einem massiven Aufgebot ab, konnte aber nicht verhindern, dass gegen 15:00 Uhr nochmals 40 Personen über die Grenze entkamen. Im August 1952 wurde dann der erste Stacheldrahtzaun gebaut.

**ROUTE:** *Ab Heinersdorf folgen wir auf gewundenen Straßen dem Flüsschen Tettau, immer ganz nahe dem ehemaligen Grenzverlauf.*

*Grenzmauer in Heinersdorf*

*Schieferabbau in Lehesten*

*Kurz vor der Ortschaft Tettau verlassen wir in* ***Alexanderhütte*** *das „Grüne Band" und fahren direkt ostwärts über* ***Steinbach am Wald*** *nach* ***Lehesten*** *zum* ***"Thüringer Schieferpark Lehesten"*****.**

In dem 1964 eingestellten Schieferbetrieb wurde das **Technische Denkmal "Historischer Schieferabbau" [N50° 27' 38.96" E11° 25' 52.51"]** eingerichtet (Thüringer Schieferpark Lehesten). Man erfährt viel über die Abbaumethode und die Verarbeitung des Schiefers.

Besonders beeindruckend ist die Göpelschachtanlage zum Heben der Föderwagen aus der Abbaugrube und die Doppelspalthütte, in der Rohschiefer zu dünnen Platten gespalten wurde.

**CAMPING BEI BLANKENSTEIN**

**Harra**

**Camping am Trepplesfelsen [N50° 25' 9.62" E11° 41' 12.76"]**; Tel. 0171 611 2134; https://www.campingplatz-harra.de/; von der A9 Ausfahrt Bad Lobenstein (Nr. 29) zur B90, zunächst Richtung Bad Lobenstein, aber vorher ab bis Blankenstein. Dort Abzweig nach Harra. Terrassenanlage auf schrägen Wiesen am Saaleufer; ca. 2 ha – 22 Stpl., Standardsanitärausstattung; Bootsverleih; Fremdenzimmer.

Auf der thüringer Seite folgen wir durch ausgedehnte Wälder und kleine Seitenstraßen der Grenze. Bei **Blankenstein** geht es hinunter in das Tal des Flüsschens Selbitz. Dann über die Brücke wieder nach Franken und durch das **Höllental** wieder hinauf.

Blankenstein ist übrigens auch Start- bzw. Endpunkt [N50° 24' 2.20" E11° 41' 57.95"] des rund 170 km langen **Fernwanderweges Rennsteig** durch den Thüringer Wald, einem der meistbegangenen deutschen Wanderwege.

Beim Weiler Eichenstein östlich von Lichtenburg und östlich des Höllentals suchen wir auf einem schattigen Wanderparkplatz im Wald Schutz vor der heißen Septembersonne. Trotz Wärme laufen wir noch bis zum **Aussichtspunkt „König David" [N50° 23' 20.26" E11° 41' 36.67"]** und den steilen Pfad (Trittsicherheit vorausgesetzt!) hinunter zum **Hirschsprung [N50° 23' 15.22" E11° 41' 28.69"]** oberhalb des Höllentals mit dem Flüsschen Selbitz.

Es ist zwar schön im Fränkischen Höllental. Der Namensvetter im Schwarzwald und der dortige Hirschsprung sind aber beeindruckender (findet zumindest ein Baden-Württemberger!).

### Ein heißer Tag im Höllental

Am Vormittag versuchen wir uns an einem Waldspaziergang

*Blick ins fränkische Höllental*

*Der Hirschsprung im fränkischen Höllental*

über dem Höllental. Wir gehen zum Aussichtspunkt **„Kanzel" [N50° 22' 59.98" E11° 41' 37.80"]** und dann weiter auf einem schönen, grasbewachsenen Waldweg. Aber bald steigen die Temperaturen über 30 Grad. Zu heiß um noch viel weiter zu gehen. So beschließen wir, die Tageshitze auf unserem schattigen Waldparkplatz auszusitzen. Am späteren Nachmittag geht es dann weiter.

*ROUTE: Wieder zurück nach* ***Blankenstein****.*

Dort mündet die kleine Selbitz in die Saale. Ab Blankenstein war die Saale Grenzfluss. Auf thüringer Seite folgen wir also der Saale erst einmal durch den Ort Pottiga bis zum **„Skywalk Pottiga" [N50° 24' 39.15" E11° 44' 32.77"]**, einer Aussichtsplattform mit tollem Rundumblick in das Saale-Tal. Ein schmaler verwinkelter Feldweg dient als Zufahrt zur Plattform. Für größere Wohnmobile ist er nicht unbedingt geeignet.

Beim Gasthof Raitschin, im gleichnamigen Dorf **Raitschin**, ist für den heutigen Tag Schluss mit Fahren! Dort gibt es 5 schöne Wohnmobilstellplätze in einer idyllischen Umgebung. Und im Gasthaus gutes Essen und Getränke, die wir im schattigen Biergarten genießen.

## WOHNMOBIL-STELLPLATZ – RAITSCHIN

**Wohnmobil-Stellplatz Gasthof Raitschin [N50° 17' 17.12" E12° 3' 58.75"],** Raitschin 4, Tel. 09294 075000; https://www.raitschin.de/#stellplatz; **Lage/Zufahrt:** Neben dem Gasthof Raitschin (warme Küche von 11 bis 21 Uhr). **Geöffnet:** Ganzjährig. **Ausstattung:** 5 durch Grünstreifen unterteilte geschotterte Stellplätze auf dem Gästeparkplatz neben dem Gasthof, in idyllischer Umgebung; auch für Caravans. Stromanschlüsse, Frischwasser, Sanitäranlage im Gasthaus. V & E Station. Kinderspielplatz. Frühstücksbüffet auf Wunsch.

### Dreiländereck und „Klein Berlin"

Nicht weit nordöstlich von Raitschin entfernt liegt das **Dreiländereck**, an dem die Tschechoslowakei, DDR und BRD zusammentrafen. Diesen geschichtsträch-

*Die Aussichtsplattform „Skywalk Pottiga"*

*Am Dreiländereck*

tigen Ort besuchen wir bei strömendem Regen. Heute ist von „Grenze" nicht mehr viel zu spüren. Nur die Grenzsteine stehen noch, aber keine Grenzposten und Absperrungen.

Weiter nördlich gibt es an der thüringischen und bayrischen Grenze den besonderen Ort **Mödlareuth**, der in beiden Bundesländern liegt.

Mödlareuth befindet sich einige Kilometer nordöstlich von Hirschberg und ist angeblich jeweils 300 km entfernt von Berlin einerseites und von München andererseits, wie auf einer Infotafel in Mödlareuth zu lesen ist.

Die Deutsch-Deutsche Teilung hat diesen Ort natürlich besonders getroffen. 41 Jahre lang verlief die innerdeutsche Grenze mitten durch das Dorf entlang des Tannbachs. Das getrennte Dorf nannten die Amerikaner „Little Berlin".

Durch Mödlareuth fließt der idyllische Tannbach. Dieses, vielleicht 2 Meter breite, Gewässer bildete über Jahrhunderte die Grenze zwischen zwei Herrschaftsgebieten. Um 1810 zwischen dem Königreich Bayern und dem Fürstentum Reuß. Nach dem ersten Weltkrieg zwischen dem Freistaat Bayern und Thüringen.

Für das Leben der Mödlareuther spielte das keine Rolle. Doch mit der Gründung beider deutscher Staaten änderte sich dies.

Der Ostteil des Dorfes gehörte nun zur DDR, der Westteil zur BRD.

Bis 1952 konnten sich die Mödlareuther mit dem „Kleinen Grenzschein" noch problemlos besuchen. Doch dann wurden die ersten Zäune hochgezogen und immer weiter verstärkt.

Familien lebten seitdem getrennt und konnten sich nicht mehr besuchen oder sehen. Höfe wurden abgerissen und Bewohner zwangsumgesiedelt, die „Aktion Ungeziefer" traf Mödlareuth hart.

Das östliche Dorf lag fortan in der abgeriegelten Sperrzone. Die Bewohner konnten ihr Dorf nur mit Passierschein betreten und verlassen.

Im **Deutsch-Deutschen Museum [Parkplatz, N50° 24' 53.30" E11° 53' 0.50"]** in Mödlareuth sind Teile der ehemaligen Grenzanlagen zusammengetragen und in einer räumlich komprimierten Aufstellung zu besichtigen.

Ein Stück entfernt vom Außenbereich des Museums, schräg gegenüber des Parkplatzes, ist der ehemalige Standort der Oberen Mühle zu besichtigen. Mehrere Schautafeln schildern das Schicksal der Bewohner und des Gebäudes.

*Jahrzehntelang zweigeteilt - der Ort Mödlareuth, von den Amerikanern gerne als „Little Berlin" bezeichnet*

*Im Horch Museum in Zwickau.* Foto: August Horch Museum Zwickau gGmbH, mit freundlicher Genehmigung.

### ABSEITS DER ROUTE

#### Abstecher nach Zwickau ins Horch Museum

*ROUTE: Zwickau in Sachsen liegt rund 75 km nordöstlich von Hof in Bayern und ist über die A72/E441 rasch zu erreichen.*

Für Autoliebhaber ist der Abstecher nach Zwickau fast ein „Muss“. Wir fahren dorthin, um den im November 2017 eröffneten Neubau des Horch Museums zu besuchen. In dem modernen Bau sind 160 Oldtimer ausgestellt, Produktionsanlagen aus den 20'er oder 30'er Jahren zu sehen und es wird Einblick in den Aufbau von Autos gegeben.

Zwickau schrieb Automobilgeschichte.

Der geniale Maschinenbauingenieur August Horch gründete dort die Automobilfirmen Horch und später Audi. Auch der legendäre Trabi stammt von hier.

Im neuen **Horch Museum [N50° 44‘ 0.04“ E12° 29‘ 3.11“]**, Audistraße 7, in den Gebäuden der ehemaligen AUDI Werke, sind auf 6500 qm Oldtimer zu sehen, die Auto- und Technikfreunde begeistern *(geöffnet tgl. 10 - 18 Uhr, letzter Einlass 1 Std. vor Schließung; https://www.horch-museum.de/).*

August Horch (1868 - 1951) lernte den Automobilbau bei Benz & Cie., war dort aber wegen des wenig kreativen Umfelds unzufrieden und verließ nach kurzer Zeit die Firma. Nach mehreren Zwischenstationen gründete er 1904 in Zwickau die August Horch & Cie. Motorwagenwerke AG.

Schon zwei Jahre später gewann ein Horch Fahrzeug die Rallye-Markenweltmeisterschaft.

August Horch war ein Tüftler, immer auf der Suche nach besseren technischen Lösungen. Wegen Streitigkeiten mit dem Finanzvorstand verließ Horch 1909 die Firma. Schon damals war der "Shareholder Value" wichtiger als der technische Fortschritt. Eine Einstellung, die sich bis heute bei der Automobilindustrie nicht verändert hat.

August Horch gründete danach die "Audi Automobilwerke GmbH". Seit dem Museumsbesuch weiß ich, dass „Audi" lateinisch und der Imperativ von „Horch!" ist.

1932 wurde Horch Aufsichtsratsvorsitzender der Auto Union GmbH, unter deren Dach sich die sächsischen Autobauer Audi, Horch, DKW und Wanderer zusammenschlossen. Von diesen 4 Firmen kommen die Audi-Ringe. Ironischer Weise war der Toppionier August Horch zeit seines Lebens nie im Besitz eines Führerscheins oder einer Fahrerlaubnis.

Wohnmobile parken am einfachsten auf dem zentralen, sehr großen, ebenen, geteerten **Parkplatz (Festplatz) „Völkerfreundschaft" [N50° 43' 22.69" E12° 29' 18.78"]** an der Crimmitschauer Strasse (B175), Ecke Osterweihstrasse. Neben dem Grüngelände Rosenwiesen gelegen. Der Platz wird auch als Wohnmobilstellplatz genutzt. Außer Müllbehältern gibt es auf dem Parkplatz aber keine wohnmobilspezifischen Einrichtungen.

An der Nordseite des Parkplatzes, in der Lessingstrasse, findet man die **Städtischen Museen** und die **Kunstsammlung Zwickau**, *geöffnet Di + Fr 13 - 17 Uhr, Mi + Do 13 - 18 Uhr, Sa + So 11 - 17 Uhr.* Seit 1914 wird hier Kunst ausgestellt. Eine Abteilung befasst sich mit Werken des in Zwickau geborenen Expressionisten Max Pechstein (1881 - 1955). Außer wechselnden Ausstellungen sind u. a. auch sakrale Kunst und eine Mineraliensammlung zu sehen.

Touristische Auskünfte erhält man im Büro der **Touristeninformation Zwickau [N50° 43' 5.69" E12° 29' 48.00"]**, Hauptstraße 6, 08056 Zwickau, Tel. +49 (0)375 2713-240; https://www.zwickautourist.de/de/tourismus.php. *Geöffnet Mo - Fr 9 - 18 Uhr, Sa 9 - 16 Uhr.*

## ZEICHENERKLÄRUNG

- Hauptstadt
- Etappen-Start-/Endpunkt
- Orte
- Sehenswürdigkeit
- Touristeninformation
- Museum, Schloss
- Rathaus, öffentl. Gebäude
- Busbahnhof, Bahnhof
- Parkplatz
- Tiefgarage
- Flughafen
- Postamt
- Restaurant
- Hotel
- Reiseweg, Route
- Campingplatz
- Womo-Stellplatz
- V & E Station
- Kirche, Kathedrale
- Burg, Kastell
- Wandermöglichkeit
- archäol. Stätte
- Berg, Gipfel
- Rast-, Picknickplatz
- Grenzübergang
- Pass
- Strand, Badeküste
- Höhle

V & E für Wohnmobile – Einrichtungen für Versorgung mit Trinkwasser sowie Entsorgung für Wohnmobilabwässer sind auf dem Platz vorhanden.

## REGISTER

*Personennamen in kursiver Schrift.*

(CP) bzw. (ST) hinter dem Ortsnamen weist darauf hin, dass in oder ganz in der Nähe des Ortes ein im Reiseführer beschriebener Campingplatz und/oder ein Wohnmobil-Stellplatz zu finden ist.

**A**

Ahlumer See (ST) 47
Altenau/Harz (CP, ST) 87
Altmark, Sachsen-Anhalt 37
Arendsee 37

**B**

*Bach, Johann-Sebastian 113*
Bad Helmstedt (ST) 49
Bad Langensalza (ST) 114
Bad Sooden-Allendorf (ST) 103
Baumwipfelpfad 115
Bergen an der Dumme (CP) 40
Bergwitz (CP) 22
Berka/Werra 118
Binnendüne, größte Europas 32
Biosphärenreservat Rhön, 123
Blankenburg (ST) 77
Blankenstein 143
Blocksberg. *Siehe* Brocken
Braunschweig (ST) 49
Brocken 69
Bussau 44

**C**

Camping Alte Waldmühle 72
Camping am Trepplesfelsen 142
Camping am Waldbad 32
Camping Eulenburg 92
Camping Ferienresort Bergwitzsee 22
Camping Harz-Camp Bremer Teich 74
Camping Heide-Camp Schlaitz [] 22
Camping Heldra 109
Camping Klostercamping Thale 77
Camping Knaus Campingpark Eschwege 109
Camping Oase Wahlhausen 100
Camping Okertalsperre 90
Camping Polstertal 90
Camping Pop-Up Ferropolis 21
Camping Rohrer Stirn 127
Camping Sennhütte 69
Camping Uhlenköper Camp 47
Camping Waldweben 86
Clausthal-Zellerfeld CP) 86
Coburg (ST) 131
Creuzburg 117

**D**

Dessau-Rosslau (ST) 20
Dömitz 32
Dreiländereck 145
Duderstadt (ST) 97

**E**

Ebstorf/Lüneburger Heide (CP) 32
Eckertal 65
Eichsfeld, Grenzlandmuseum 99
Eschwege (CP, ST) 108
Eußenhausen, Grenzmuseum 126

**F**

Ferropolis (CP2020/21) 20
Forschungsmuseum Schöningen „Paläon". *Siehe* „Paläon"
„Fulda-Gap". *Siehe* Point Alpha, Gedenkstätte

**G**

Gedenkstätte Rüterberg 30
Gernrode (CP), bei Quedlinburg/Harz 74
Glasnost 15
Gobert, Aussichtspunkt 107
*Gorbatschow, Michael 15*
Goslar (CP, ST) 66
GPS-Daten 10
Gräfenhain 20
Groß Liedern/ Lüneburger Heide (ST) 47
Grünes Band 14, 36
Gut Kalkhof 117

**H**

Hansestadt Uelzen. *Siehe* Uelzen

Harra (CP) 142
Harz-Camp Goslar 69
„Haus auf der Grenze“, Point Alpha 122
Heinersdorf 140
Heldra (CP) 109
Helmstedt (ST) 49
Hexentanzplatz 76
Höllental 143
*Horch, August 148*
Horch Museum, Zwickau 148
Hornburg 61
Hötensleben 57
*Hundertwasser, Friedensreich 46*

**K**

Kellerhalsteich 80
Klein Schmöken 32
Kolonnenweg, Point Alpha 122

**L**

Land der weißen Berge 118
Lehesten 142
Lichtenburg, Burgruine 128
*Löns, Hermann 70*
Lübeln 44
Ludwigslust (ST) 23
Lüneburg ST) 30

**M**

Marienborn 51
Meiningen (CP, ST) 126
Mitwitz (ST) 136
Mödlareuth 146
Monte Kali 118
Mühlhausen/Thüringen (ST) 112
*Müntzer, Thomas 113*

**N**

Nationalpark Hainich 114
Normannstein, Burg 116

**O**

Oberharzer Wasserregal 80
Okerstausee (CP) 80
Osterode/Harz (CP) 91
Osterwieck 58

**P**

„Paläon“ 56
Perestrojka 15
„Perle von Sachsen-Anhalt“. *Siehe* Osterwieck
Point Alpha 120
Point Alpha, Gedenkstätte 121

**Q**

Quedlinburg (ST) 72

**R**

Raitschin (ST) 144
Rennsteig, Fernwanderweg 143
Rundlingsdörfer 41
Rüterberg (ST), Dorfrepublik 26

**S**

Satemin 45
Schifflersgrund, Grenzmuseum 101
Schlaitz (CP) 22
Schnackenburg 36
Schöningen (ST) 54
Seßlach 130
*Sielmann, Heinz 16*
Sielmann Stiftung 96
Skulpturenpark Deutsche Einheit, Eußenhausen 127
„Skywalk Pottiga“ 144
Sorge 95
Stapelburg 65

**Stellplätze f. Wohnmobile**
Stellplatz Adenauerring Duderstadt 99
Stellplatz Alter Bahnhof Altenau 90
Stellplatz Am Engelsgarten, Mühlhausen/ Thüringen 114
Stellplatz Am Festplatz Tann 126
Stellplatz Am Katzenteich Wernigerode 72
Stellplatz Am Schloss Ludwigslust 26
Stellplatz Am Schnappelberg Blankenburg 77
Stellplatz Am Sportboothafen 47
Stellplatz An den Fischteichen Quedlinburg 74
Stellplatz Bad Helmstedt Brunnentheater 49
Stellplatz Braunschweig Freizeitbad Wasserwelt 51
Stellplatz Eschwege Werratalsee 109
Stellplatz Franzrasen Bad Sooden-Allendorf 107
Stellplatz Frederiken Therme Bad Langensalza 114

Stellplatz Füllekuhle Goslar 68
Stellplatz Helmstedt Maschweg 49
Stellplatz Kristall Saunatherme Altenau 90
Stellplatz Marschlinger Hof Quedlinburg 74
Stellplatz Rohrer Stirn Meiningen 127
Stellplatz Schlossanger Wernigerode 72
Stellplatz Schöningen 54
Stellplatz Sülzwiesen Lüneburg 32
Stellplatz Werrabrücke Vacha 119

Stresow, das verschundene Dorf 33

**T**

Tann (Rhön) 123
„Teufelsmauer" 75
Thale (CP) 76
Torfhaus 66
Treffurt 116

**U**

Uelzen 45
Ummerstadt 130

**V**

Vacha (ST) 119
Volkerode 107

**W**

Wahlhausen (CP), bei Bad Sooden-Allendorf 100
Wald-Wandel-Weg 87
Walpurgisnacht 69
Wanfrieder Vertrag 117
Wanfried (ST) 117
WasserWanderWeg 80
Weddersleben 75
„Weg der Hoffnung" 120
Wernigerode (CP, ST) 69
Westerweyhe/ Lüneburger Heide (CP) 47

**Z**

Zeller Kunstgraben 80

# MOBIL REISEN

**NIX WIE RAUS!**

**Raus Reiseführer – die gelungene Mischung aus kompetentem Reiseführer, Tourenbuch, Camping- und Stellplatzführer.**

**Erlebnisreiche Touren zum Nachreisen mit Wohnmobil, Caravan oder Van-Camper.**

## REISEFÜHRER WEEKEND/REGIONAL TOURS - DEUTSCHE ZIELE

**Weekend/Regional Tours: DEM GRÜNEN BAND ENTLANG**
Das Grüne Band Deutschland - beeindruckende Tour-Ziele entlang der ehemaligen innerdeutschen Zonengrenze. Natur, Kultur und Geschichte von Norddeutschland bis ins sächsisch-bayrische Vogtland mit dem Wohnmobil gezielt erleben.
Erlebnis Deutschland - als Wochenend-, Mehrtages- oder größere Urlaubs-Tour nach Wahl.
Mit Wohnmobil-Stellplätzen und den schönsten Campingplätzen.
Wolfgang Spreng, 168 S., zahlr. Farbfotos, Karten und Pläne.
ISBN 978-3-926145-92-5. € 18,90.

## REISEFÜHRER MOBIL REISEN - EUROPÄISCHE ZIELE

**Mobil Reisen: BALTIKUM**
Die schönsten Reiserouten, kombiniert zu einer erlebnisreichen Tour durch alle drei baltischen Länder - Litauen, Lettland und Estland. Mit einem Abstecher nach Kaliningrad. Reisetipps in Fülle. Plus Vorschläge zu sechs Radtouren.
Mit Wohnmobil-Stellplätzen und den schönsten Campingplätzen.
336 S., 128 Farbfotos, 31 Karten und Stadtpläne.
ISBN 978-3-926145-89-5. € 19,90.

**Mobil Reisen: BRETAGNE**

Ein individueller Reiseführer mit Routenvorschlägen, ausgesuchten Touren für eine Reise von Nantes bis ans „Ende der Welt", der Finistère an die bretonische Atlantikküste. Historisches, Amüsantes, Kulinarisches und natürlich viele praktische Reisetipps. Jetzt mit noch mehr Wohnmobil-Stellplätzen.
Mit vor Ort erfassten GPS-Koordinaten.
336 S., zahlr. Farbfotos, Karten, Stadtpläne, Hotels, Campingplätze sowie viele Infos und Reisetipps.
ISBN 978-3-926145-78-9. € 19,90.
GPS-Roadbook-CD mit Navigationskoordinaten verfügbar!

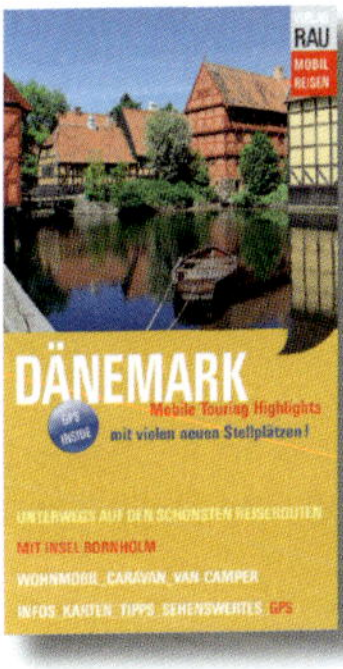


**Mobil Reisen: DÄNEMARK – Mit Insel Bornholm**

Handlich und praktisch für erlebnisreiches Van-Camper-, Caravan- oder Wohnmobil-Touring. Auf den 15 attraktivsten Urlaubsrouten zu den schönsten Städten und Küsten in Jütland, Fünen, Seeland und Bornholm. Ausführlicher Teil über "wonderful, wonderful Copenhagen".
Mit vor Ort erfassten GPS-Koordinaten.
312 S., zahlr. Farbfotos, Karten, Stadtpläne, sowie viele Infos, die schönsten Camping- u. Stellplätze.
ISBN 978-3-926145-87-1. € 19,90.

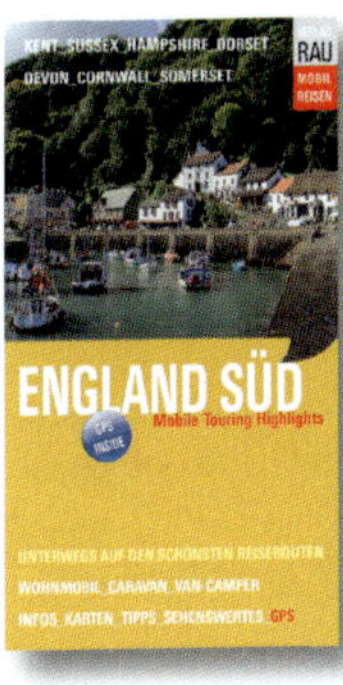


**Mobil Reisen: ENGLAND SÜD**

Von den weißen Felsen von Dover über lebhafte Seebäder bis hinaus an die abgeschiedene, wilde Küste von Cornwall. Wandern auf den herrlichen Küstenwegen und Klippenpfaden, den Schauplätzen aus Pilcher-Filmen nachspüren, in prächtigen Gärten schwelgen oder lieber gemütlich in einem uralten Pub verweilen, in dem sich schon die Schmuggler früherer Tage die Klinke in die Hand gaben? Dieser Reiseführer sagt Ihnen, wo's lang geht. Mit vor Ort erfassten GPS-Koordinaten.
348 S., zahlr. Farb-Abb., Karten, Stadtpläne, Pubs, sowie viele Infos und die schönsten Campingplätze.
ISBN 978-3-926145-86-4. € 22,90.
GPS-Roadbook-CD mit Navigationskoordinaten verfügbar!

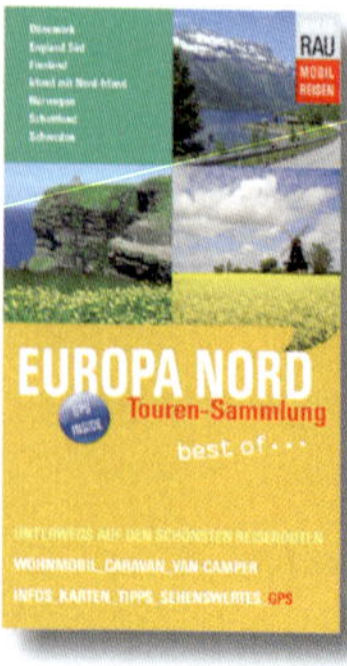


**Mobil Reisen: EUROPA NORD**

Wohin im nächsten Urlaub? Diese Sammlung der schönsten Wohnmobil-Touren durch Europas Norden gibt jede Menge Tipps. Erleben Sie auf den schönsten Reisewegen Touring Highlights in Dänemarks Jütland, in Englands Süden, in Finnland, in Irland und Nordirland, in Norwegens Fjordwelt und auf den Lofoten, in Schottland und in Südschweden.

Mit einladenden Camping- und Stellplätzen und mit vor Ort erfassten GPS-Koordinaten.

300 Seiten, zahlr. Farbfotos, Karten, Stadtpläne.

ISBN 978-3-926145-82-6. EUR 22,90.

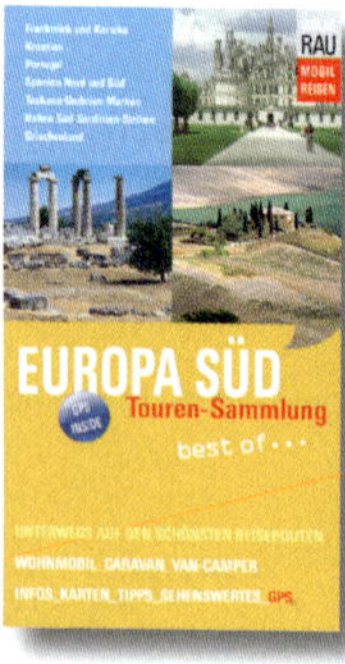


**Mobil Reisen: EUROPA SÜD**

Auf in den Süden! Mit dieser Sammlung der schönsten Wohnmobil-Touren fällt Ihnen die Auswahl, wohin die nächste Tour gehen soll, bestimmt leichter. Der „best of-Band Europa Süd“ sagt Ihnen wo's langgehen könnte. Anhand der zahlreichen Tourenvorschläge können Sie wählen, ob es Sie lieber nach Frankreich, nach Griechenland, nach Kroatien, nach Spanien, Portugal oder doch eher nach Italien zieht.

Alle Touren sind ausführlich beschriebenen. Und Sie finden dort jede Menge Reisetipps und Infos zu Camping und Stellplätzen und natürlich auch GPS-Koordinaten.

420 Seiten, zahlr. Farbfotos, Karten u. Pläne.

ISBN 978-3-926145-90-1. EUR 22,90.

**Mobil Reisen: FINNLAND – Mit Åland-Inseln**

Das „Land der tausend Seen“ von Helsinki über das Labyrinth des Saimaa-Seengebiets, weiter über Karelien, die einsamen Weiten Lapplands und zurück über den finnischen Schärengarten auf eigene Faust erleben. Anschließend ein Abstecher auf die Åland-Inseln.

Mit einem ausführlich geschilderten **Abstecher zum Nordkap**. Und das Ganze mit vor Ort erfassten GPS-Koordinaten.

264 S., zahlreiche Farbfotos, Karten, Stadtpläne, Hotels, Campingplätze sowie viele praktische Informationen über Land und Leute.

ISBN 978-3-926145-50-5. € 19,90.

GPS-Roadbook-CD mit Navigationskoordinaten verfügbar!

**Mobil Reisen: GRIECHENLAND**

Aus der Reisepraxis für die Reisepraxis geschrieben. Ein Reisehandbuch mit Routen, Touren und Reisetipps fürs Reisemobil-Touring.

Eine Fülle von Routenvorschlägen führt Sie durch alle Regionen Festlandgriechenlands, von den Badestränden der Chalkidiki-Halbinsel bis in den Süden der Peloponnes-Halbinsel und natürlich zu allen archäologischen Stätten.

Mit vor Ort erfassten GPS-Navigationskoordinaten!

312 S., zahlr. Farbfotos; Karten, Stadt- u. Lagepläne, Stadtspaziergänge, Hotels und die schönsten Campingplätze.

ISBN 978-3-926145-80-2. € 19,90.

GPS-Roadbook-CD mit Navigationskoordinaten verfügbar!

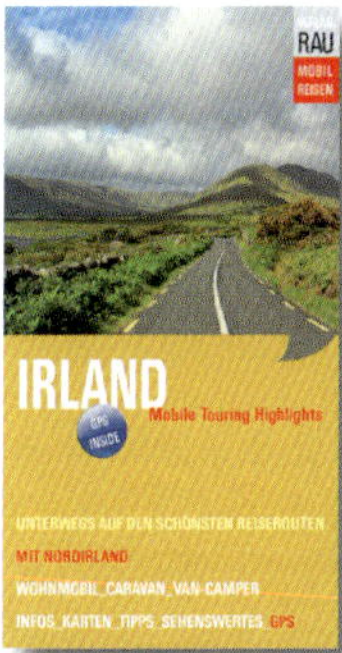


**Mobil Reisen: IRLAND – Mit Nordirland**

Der ideale Urlaubsführer für alle, die den Charme der "Grünen Insel" auf eigene Faust entdecken wollen. Ausgesuchte Routenvorschläge fürs Wohnmobil-Touring von den südlichen Counties über die imposante Westküste bis hinauf ins abgeschiedene Donegal und durch Nordirland. Ausführlicher Dublin- und Belfast-Teil mit detaillierten Rundgängen. Kultur, Folklore, Tipps zu Pubs, Wandermöglichkeiten.

Mit vor Ort erfassten GPS-Navigationskoordinaten!

408 S., zahlr. Farbfotos, Karten, Stadtpläne, Hotels, viele Infos und die schönsten Campingplätze.

ISBN 978-3-926145-84-0. € 22,90.

GPS-Roadbook-CD mit Navigationskoordinaten verfügbar!

**Mobil Reisen: ITALIEN SÜD**

Italiens Süden hat viel mehr zu bieten als Sonne, Strand und Meer. Erleben Sie auf den schönsten Reisewegen die süditalienische Region Apulien mit dem hübschen Zentrum der Trullibehausungen und dem imposanten Stauferschloss Castel del Monte, die prächtige Küste der Halbinsel Gargano, sowie die einladendsten Plätze in Kalabrien. Und lernen Sie die Touring Highlights der Basilikata kennen. Natürlich fehlt auch ein Abstecher nach Paestum nicht. Neben jeder Menge an Reisetipps und Sehenswürdigkeiten finden Sie in diesem Tourenbuch eine Vielzahl von Camping- und Wohnmobilstellplätzen sowie vor Ort erfasste GPS-Koordinaten.

240 Seiten. Zahlr. Farbotos, Karten u. Pläne sowie eine Fülle an Tipps.

ISBN 978-3-926145-83-3. € 22,90.

GPS-Roadbook-CD mit Navigationskoordinaten verfügbar!

# RAUS REISEFÜHRER „MOBIL REISEN" UND „REGIONAL TOURS"

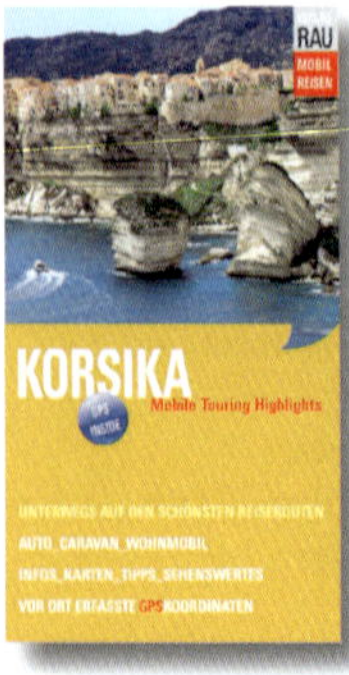


**Mobil Reisen: KORSIKA**

Korsika, „Ile de Beauté", die „Insel der Schönheit" besticht durch ihre wunderbare Berglandschaft und ihre herrliche, oft atemberaubende Küstenszenerie. Eine Herausforderung für alle unternehmungslustigen Wohnmobilisten und Caravaner und ein Eldorado für anspruchsvolle Wandertouren.

Hotels, Restaurants, Campingplätze und jede Menge Tipps und Infos. Mit vor Ort erfassten GPS-Koordinaten.

228 S., zahlreiche Farbfotos., Karten, Stadtpläne.
ISBN 978-3-926145-41-3. € 18,90.
GPS-Roadbook-CD mit Navigationskoordinaten verfügbar!

**Mobil Reisen: KROATIEN**

Istrien, die Dalmatinische Küste und Kroatiens herrliche Adriainseln auf den schönsten Reisewegen erleben. Dieses praktische Reisehandbuch sagt Ihnen, wo's lang geht. U. a. mit Inseln Cres, Lošinj, Krk, Rab, Pag, Hvar, Korčula u. a., Makarska Riviera, Krka-Wässerfälle, Dubrovnik, Plitvicer Seen, Zagreb, sowie mit einer Fülle an Reisetipps, Infos zu Hotels und jede Menge Campingplätze. Mit vor Ort erfassten GPS-Koordinaten.

264 S., zahlreiche Farbfotos, Karten, Stadtpläne, Stadtspaziergänge.
ISBN 978-3-926145-81-9. € 18,90.
GPS-Roadbook-CD mit Navigationskoordinaten verfügbar!

**Mobil Reisen: LOIRETAL**

Komplett überarbeitet, aktualisiert! Noch mehr Womo-Stellplätze! Die schönsten Reisewege durch das Herz Frankreichs, der Landschaft, in der es sich leben lässt „wie Gott in Frankreich". Nicht umsonst entstanden hier die prächtigsten Schlösser Frankreichs. Aber auch wer weniger das Historische als viel mehr kulinarische Erlebnisse sucht, wird in der Gegend um das Loiretal auf seine Kosten kommen. Und dieser Reiseführer sagt Ihnen wo's lang geht. Mit vielen Wohnmobil-Stellplätzen und mit vor Ort erfassten GPS-Navigationskoordinaten!

288 S., zahlr. Farbfotos, Karten, Stadtpläne, sowie viele Infos und die schönsten Camping- und Wohnmobilsstellplätze.ISBN 978-3-926145-85-7. € 19,90.
GPS-Roadbook-CD mit Navigationskoordinaten verfügbar!

# RAUS REISEFÜHRER „MOBIL REISEN“ UND „REGIONAL TOURS“

**Mobil Reisen: NORWEGEN – Reisewege zum Nordkap**
Komplett überarbeitet! Aktualisiert! Noch mehr Womo-Stellplätze! Neue Touren und zusätzliche Routen! Noch übersichtlicher! Jetzt mit praktischen „Tourenpaketen“ zum Kombinieren, wie z. B. „Südnorwegen“, „Gletscher, Fjells und Fjorde“ oder „Finnmark und Nordkap“. Durchgehend farbig und noch mehr Fotos und Karten! Verlässliche Kompetenz aus langjähriger Reiseerfahrung. Mit vor Ort erfassten GPS-Koordinaten.
408 S., Stadtrundgänge, Wandervorschläge, viele Farbfotos, Karten, Stadtpläne, Hotels, sowie Reise-Infos in Fülle, dazu über 200 Campingplätze und zahlr. Stellplätze.
ISBN 978-3-926145-77-2. € 22,90.
GPS-Roadbook-CD mit Navigationskoordinaten verfügbar!

**Mobil Reisen: OSTSEE-RUNDE**
Auf überlegt ausgesuchten Routen und Touren die schönsten Gegenden Pommerns und Masurens, wunderschöne baltische Städte wie Vilnius, Riga und Tallinn, sowie die russische Perle Sankt Petersburg erleben. Reisen Sie über Finnland, Schweden und die dänische Insel Seeland zurück. Dieser Reiseführer hilft – ob Wohnmobil-Cruiser, Van-Camper-Tourer oder Caravaner – sowohl bei der Vorbereitung als auch auf der Reise unterwegs. Ein unvergessliches Reiseerlebnis!
432 S., Stadtrundgänge, zahlr. Farbfotos, Karten, Stadtpläne, sowie viele Infos und die schönsten Camping- und Wohnmobil-Stellplätze.
ISBN 978-3-926145-88-8. € 22,90.

**Mobil Reisen: POLEN**
Polen bequem auf eigene Faust kennen lernen. Über die Sudeten und über Schlesien, weiter durch die Karpaten, Zentral- und Ostpolen mit einem ausführlichen Teil über die Hauptstadt Warschau, durch Ermland, die Masurische Seenplatte, durchs Lebuser Land und über Pommern schließlich bis zur Ostseeküste. Alles in bequem nachvollziehbaren Reiserouten beschrieben.
Von Michael Moll, 240 S., viele Farbfotos; Karten, Stadt- u. Lagepläne, Stadtspaziergänge, Hotels und die schönsten Campingplätze.
ISBN 978-3-926145-73-4. € 19,90.

## RAUS REISEFÜHRER „MOBIL REISEN" UND „REGIONAL TOURS"

**Mobil Reisen: PORTUGAL**

Gesamt Portugal, vom grünen Norden bis zur sonnigen Algarveküste, vom kargen, ursprünglichen Alto Alentejo bis zu den Seebädern am Atlantik beschreibt dieser Band auf leicht nachvollziehbaren Touren, die einen kompletten Eindruck von diesem überaus interessanten Reiseland vermitteln. Besonders ausführlich die Weinstadt Porto und natürlich Lissabon, eine der schönsten Hauptstädte Europas.
Mit vor Ort erfassten GPS-Koordinaten.
300 S., zahlr. Farbfotos, Karten, Stadtpläne, Hotels, sowie viele Infos und die schönsten Campingplätze.
ISBN 978-3-926145-64-2. € 19,90.
GPS-Roadbook-CD mit Navigationskoordinaten verfügbar!

**Mobil Reisen: SARDINIEN**

Ein Reiseziel mit ganz unerwarteten Attraktionen – zauberhafte Küstenszenerien, das größte Dünengebiet ganz Italiens, wunderschöne Seegrotten, mystische Nuraghen, geisterhafte alte Minenstädte und einer der spektakulärsten Canyons in Europa.
Dieses Tourenbuch, gespickt mit jeder Menge Reisetipps, führt auf den schönsten Routen und Wohnmobil-Touren durch Sardinien. Mit Wohnmobil-Stellplätzen, Tipps zu Hotels und Restaurants, Campingplätzen. Mit vor Ort erfassten GPS-Navigationskoordinaten!
252 S., zahlr. Farbfotos, Karten, Stadtpläne.
ISBN 978-3-926145-62-8. € 18,90.
GPS-Roadbook-CD mit Navigationskoordinaten verfügbar!

**Mobil Reisen: SCHOTTLAND**

Schottland auf neuen Wegen erleben. Eine variantenreiche Rundreise – von den Borders bis zu den Highlands, von den Western Isles bis zu den Orkneys. Detaillierte Beschreibung von Edinburgh, Glasgow, allen wichtigen Städten, Schlössern und Landschaften.
Außerdem Essen und Trinken, Whisky, Clans, Tartans und Dudelsäcke, Wandern u.v.m.
336 S., zahlr. Farbfotos., Karten, Stadtpläne, Hotels, sowie viele Infos und die schönsten Campingplätze mit GPS-Koordinaten.
ISBN 978-3-926145-79-6. € 19,90.
GPS-Roadbook-CD mit Navigationskoordinaten verfügbar!

**Mobil Reisen: SCHWEDEN - Mit Inseln Öland und Gotland**

Komplett überarbeitet, aktualisiert! Noch mehr Wohnmobil-Stellplätze! 22 sorgfältig ausgewählte, vor Ort getestete Reise(mobil)routen und Autotouren durch die schönsten Landschaften, Städte und Regionen. Mit vielen Reisetipps und Informationen über Sehenswertes vom südlichen Schonen bis Lappland. Mit ausführlichem Stockholm-Teil, Stadtrundgänge u. a. durch Helsingborg, Göteborg, Uppsala, Kalmar, sowie die Inseln Öland und Gotland. Mit vor Ort erfassten GPS-Koordinaten.

336 S., zahlr. Farbfotos, Karten, Stadtpläne, Hotels, sowie viele Infos und die schönsten Campingplätze. Mit Wohnmobil-Stellplätzen.

ISBN 978-3-926145-74-1. € 22,90.

GPS-Roadbook-CD mit Navigationskoordinaten verfügbar!

**Mobil Reisen: SIZILIEN**

Auch ein klassisches Reiseziel lässt sich immer wieder neu entdecken. Dieses neue Tourenbuch schildert kompetent und ausführlich die schönsten Reisewege durch Sizilien.

Mit Wohnmobil-Stellplätzen und mit vor Ort erfassten GPS-Koordinaten.

252 S., zahlr. s/w.- u. Farb-Abb., Karten, Stadtpläne, Hotels, sowie viele Infos und die schönsten Campingplätze.

ISBN 978-3-926145-55-0. € 18,90.

GPS-Roadbook-CD mit Navigationskoordinaten verfügbar!

**Mobil Reisen: skandinavien**
**Reiseziel Nordkap**

Die große Tour zum Nordkap in bequem zu kombinierenden Reiserouten. Mit neuen Touren und vielen Streckenvarianten durch alle vier nordischen Länder – Dänemark, Norwegen, Schweden und Finnland. Ausführliche Beschreibung der Hauptstädte. Übersichtlich, informativ, kompetent. Mit vor Ort erfassten GPS-Koordinaten.

408 S., zahlr. Farbfotos, Karten, Stadtpläne, Hotels, sowie viele Infos und die schönsten Campingplätze und viele Wohnmobil-Stellplätze.

ISBN 978-3-926145-71-0. € 22,90.

GPS-Roadbook-CD mit Navigationskoordinaten verfügbar!

## RAUS REISEFÜHRER „MOBIL REISEN“ UND „REGIONAL TOURS“

**Mobil Reisen: SPANIEN NORD**
Spaniens Norden von den Stränden der Costa Brava über die Pyrenäen, durch das grüne Galicien mit dem Pilgerziel Santiago de Compostela bis ins Herz Kastiliens mit den Hochburgen von Kunst, Kultur und Geschichte wie Salamanca oder Segovia.
Ausführlich: Der Jakobsweg.
Paradores, Restaurants und die schönsten Camping- und Wohnmobilstellplätze. Mit vor Ort erfassten GPS-Koordinaten.
300 S., zahlr. Farbfotos; Karten und Stadtpläne.
ISBN 978-3-926145-91-8. € 22,90.

**Mobil Reisen: SPANIEN SÜD**
Eine gelungene Mischung aus Kunst, Kultur, Information und Reisetipps. Ein kompletter Reiseführer, der mehr als nur Routen und Touren bietet. Vom Mittelmeer ins Herz Kastiliens, auf den Spuren der Conquistadores, weiße Dörfer, maurische Paläste und der sonnige Süden Andalusiens. PLUS: Madrid City Guide.
Mit vor Ort erfassten GPS-Koordinaten.
312 S., zahlreiche Farbfotos, Karten und Stadtpläne. Stadtspaziergänge, Hotels, Paradores, Campings, Wohnmobil-Stellplätze u. v. m.
ISBN 978-3-926145-69-7. € 22,90.
GPS-Roadbook-CD mit Navigationskoordinaten verfügbar.

**Mobil Reisen: toskana - Mit Florenz und Insel Elba**
Wiege der Renaissance, altes Zentrum von Kunst, Kultur und Wissenschaft und natürlich Eldorado für Weinliebhaber und ein wahres Paradies für kulinarische Entdecker. Ein Autoführer mit bequem zu kombinierenden Reiserouten durch die gesamte Toskana, mit Elba.
Großer Florenz-Teil sowie alle wichtigen Städte, Landschaften und Sehenswürdigkeiten. Mit vor Ort erfassten GPS-Koordinaten.
300 S., zahlr. Farbfotos, Hotels, Restaurants, Camping- u. Reisemobil-Stellplätze, Kartenskizzen, Stadtpläne und viele Infos.
ISBN 978-3-926145-70-3. € 19,90.
GPS-Roadbook-CD mit Navigationskoordinaten verfügbar.

**Mobil Reisen: UMBRIEN, MARKEN**
**Mit San Marino**

Auf den schönsten Reiserouten durch die mittelitalienischen Regionen Umbrien und Marken. Reisen Sie von der sehenswerten Hauptstadt Umbriens Perugia über das prächtig gelegene Orvieto bis an die Ufer des Lago di Bolsena, weiter über die einladenden Höhen der Sibellinischen Berge an die adriatische Küste und in die älteste Republik Europas, San Marino. Mit vor Ort erfassten GPS-Koordinaten.

240 S., zahlr. Farbfotos, Hotels, Restaurants, Camping- u. Reisemobil-Stellplätze, Kartenskizzen, Stadtpläne und viele Infos.
ISBN 978-3-926145-76-5. € 19,90.
GPS-Roadbook-CD mit Navigationskoordinaten verfügbar.

**Weitere Titel sind in Vorbereitung!**
Fragen Sie im Buchhandel nach unseren aktuellen Neuerscheinungen.
Oder besuchen Sie uns im Internet:

**https://www.rau-verlag.de**

**http://www.mobil-reisen.eu**

VERLAG RAU MOBIL REISEN VERLAG RAU WEEK END

WERNER RAU VERLAG, Feldbergstraße 54, D - 70569 Stuttgart
www.rau-verlag.de – e-mail: info@rau-verlag.de

Weekend/Regional Tour: DEM GRÜNEN BAND ENTLANG

**Vorliegend: 1. Auflage 2021/2022**